親鸞聖人の正信偈《しょうしんげ》に人生を聞く

松井憲一

Matsui
Kenichi

白馬社

◉目次

Ⅰ 念仏の教え――『仏説無量寿経』

III 念仏の歴史――七高僧

正信偈《しょうしんげ》（正信念仏偈《しょうしんねんぶつげ》）

帰《き》命《みょう》無《む》量《りょう》寿《じゅ》如《にょ》来《らい》
南《な》無《む》不《ふ》可《か》思《し》議《ぎ》光《こう》
法《ほう》蔵《ぞう》菩《ぼ》薩《さ》因《いん》位《に》時《じ》
在《ざい》世《せ》自《じ》在《ざい》王《おう》仏《ぶっ》所《しょ》
覩《と》見《けん》諸《しょ》仏《ぶ》浄《じょう》土《ど》因《いん》
国《こく》土《ど》人《にん》天《でん》之《し》善《ぜん》悪《まく》
建《こん》立《りゅう》無《む》上《じょう》殊《しゅ》勝《しょう》願《がん》
超《ちょう》発《ほつ》希《け》有《う》大《だい》弘《ぐ》誓《ぜい》
五《ご》劫《こう》思《し》惟《ゆい》之《し》摂《しょう》受《じゅ》
重《じゅう》誓《せい》名《みょう》声《しょう》聞《もん》十《じっ》方《ぼう》
普《ふ》放《ほう》無《む》量《りょう》無《む》辺《へん》光《こう》
無《む》礙《げ》無《む》対《たい》光《こう》炎《えん》王《のう》
清《しょう》浄《じょう》歓《かん》喜《ぎ》智《ち》慧《え》光《こう》
不《ふ》断《だん》難《なん》思《し》無《む》称《しょう》光《こう》
超《ちょう》日《にち》月《がっ》光《こう》照《しょう》塵《じん》刹《せ》
一《いっ》切《さい》群《ぐん》生《じょう》蒙《む》光《こう》照《しょう》

無量寿如来《むりょうじゅにょらい》に帰命《きみょう》し、
不可思議光《ふかしぎこう》に南無《なむ》したてまつる。
法蔵菩薩《ほうぞうぼさつ》因位《いんに》の時、
世自在王仏《せじざいおうぶつ》の所《みもと》に在《まし》まして、
諸仏浄土《しょぶつじょうど》の因《いん》、
国土人天《こくどにんでん》の善悪《ぜんあく》を覩見《とけん》して、
無上殊勝《むじょうしゅしょう》の願《がん》を建立《こんりゅう》し、
希有《けう》の大弘誓《だいぐぜい》を超発《ちょうほつ》せり。
五劫之《ごこうこれ》を思惟《しゆい》して摂受《しょうじゅ》す。
重《かさ》ねて誓《ちか》うらくは名声《みょうしょう》 十方《じっぽう》に聞《きこ》えんと。
普《あまね》く、無量《むりょう》、無辺光《むへんこう》、
無礙《むげ》、無対《むたい》、光炎王《こうえんのう》、
清浄《しょうじょう》、歓喜《かんぎ》、智慧光《ちえこう》、
不断《ふだん》、難思《なんじ》、無称光《むしょうこう》、
超日月光《ちょうにちがっこう》を放《はな》ちて、塵刹《じんせつ》を照《て》らす。
一切《いっさい》の群生《ぐんじょう》、光照《こうしょう》を蒙《かぶ》る。

本《ほん》願《がん》名《みょう》号《ごう》正《しょう》定《じょう》業《ごう》
至《し》心《しん》信《しん》楽《ぎょう》願《がん》為《に》因《いん》
成《じょう》等《とう》覚《がく》証《しょう》大《だい》涅《ね》槃《はん》
必《ひっ》至《し》滅《めつ》度《ど》願《がん》成《じょう》就《じゅ》
如《にょ》来《らい》所《しょ》以《い》興《こう》出《しゅっ》世《せ》
唯《ゆい》説《せ》弥《み》陀《だ》本《ほん》願《がん》海《かい》
五《ご》濁《じょく》悪《あく》時《じ》群《ぐん》生《じょう》海《かい》
応《おう》信《しん》如《にょ》来《らい》如《にょ》実《じつ》言《ごん》
能《のう》発《ほつ》一《いち》念《ねん》喜《き》愛《あい》心《しん》
不《ふ》断《だん》煩《ぼん》悩《のう》得《とく》涅《ね》槃《はん》
凡《ぼん》聖《しょう》逆《ぎゃく》謗《ほう》斉《さい》回《え》入《にゅう》
如《にょ》衆《しゅう》水《しい》入《にゅう》海《かい》一《いち》味《み》
摂《せっ》取《しゅ》心《しん》光《こう》常《じょう》照《しょう》護《ご》
已《い》能《のう》雖《すい》破《は》無《む》明《みょう》闇《あん》
貪《とん》愛《ない》瞋《しん》憎《ぞう》之《し》雲《うん》霧《む》
常《じょう》覆《ふ》真《しん》実《じつ》信《しん》心《じん》天《てん》

本願《ほんがん》の名号《みょうごう》は正定《しょうじょう》の業《ごう》なり。
至心信楽《ししんしんぎょう》の願《がん》を因《いん》と為《す》。
等覚《とうがく》を成《な》り大涅槃《だいねはん》を証《しょう》することは、
必至滅度《ひっしめつど》の願成就《がんじょうじゅ》のゆえなり。
如来《にょらい》、世《よ》に興出《こうしゅつ》したまう所以《ゆえ》は、
唯《ただ》弥陀《みだ》本願海《ほんがんかい》を説《と》かんとなり。
五濁悪時《ごじょくあくじ》の群生海《ぐんじょうかい》、
如来如実《にょらいにょじつ》の言《みこと》を信《しん》ずべし。
能《よ》く一念喜愛《いちねんきあい》の心《しん》を発《ほっ》すれば、
煩悩《ぼんのう》を断《だん》ぜずして涅槃《ねはん》を得《う》。
凡聖《ぼんしょう》、逆謗《ぎゃくほう》、斉《ひと》しく回入《えにゅう》すれば、
衆水《しゅすい》、海《うみ》に入《い》りて一味《いちみ》なるが如《ごと》し。
摂取《せっしゅ》の心光《しんこう》、常《つね》に照護《しょうご》したまう。
已《すで》に能《よ》く無明《むみょう》の闇《あん》を破《は》すと雖《いえど》も、
貪愛《とんない》、瞋憎《しんぞう》の雲霧《うんむ》、
常《つね》に真実信心《しんじつしんじん》の天《てん》に覆《おお》えり。

譬《ひ》如《にょ》日《にっ》光《こう》覆《ふ》雲《うん》霧《む》
雲《うん》霧《む》之《し》下《げ》明《みょう》無《む》闇《あん》
獲《ぎゃく》信《しん》見《けん》敬《きょう》大《だい》慶《きょう》喜《き》
即《そく》横《おう》超《ちょう》截《ぜつ》五《ご》悪《あく》趣《しゅ》
一《いっ》切《さい》善《ぜん》悪《まく》凡《ぼん》夫《ぶ》人《にん》
聞《もん》信《しん》如《にょ》来《らい》弘《ぐ》誓《ぜい》願《がん》
仏《ぶつ》言《ごん》広《こう》大《だい》勝《しょう》解《げ》者《しゃ》
是《ぜ》人《にん》名《みょう》分《ふん》陀《だ》利《り》華《け》
弥《み》陀《だ》仏《ぶ》本《ほん》願《がん》念《ねん》仏《ぶ》
邪《じゃ》見《けん》憍《きょう》慢《まん》悪《あく》衆《しゅ》生《じょう》
信《しん》楽《ぎょう》受《じゅ》持《じ》甚《じん》以《に》難《なん》
難《なん》中《ちゅう》之《し》難《なん》無《む》過《か》斯《し》
印《いん》度《ど》西《さい》天《てん》之《し》論《ろん》家《げ》
中《ちゅう》夏《か》日《にち》域《いき》之《し》高《こう》僧《そう》
顕《けん》大《だい》聖《しょう》興《こう》世《せ》正《しょう》意《い》
明《みょう》如《にょ》来《らい》本《ほん》誓《ぜい》応《おう》機《き》

譬《たと》えば、日光《にっこう》の雲霧《うんむ》に覆《おお》わるれども、
雲霧《うんむ》の下《した》、明《あき》らかにして闇《くら》きこと無《な》きが如《ごと》し。
信《しん》を獲《え》て見《み》て敬《うやま》い大《おお》きに慶喜《きょうき》すれば、
即《すなは》ち横《よこさま》に五悪趣《ごあくしゅ》を超截《ちょうぜつ》す。
一切善悪《いっさいぜんあく》の凡夫人《ぼんぶにん》、
如来《にょらい》の弘誓願《ぐぜいがん》を聞信《もんしん》すれば、
仏《ぶつ》、広大勝解《こうだいしょうげ》の者《ひと》と言《のたま》えり。
是《こ》の人《ひと》を分陀利華《ふんだりけ》と名《な》づく。
弥陀仏《みだぶつ》の本願念仏《ほんがんねんぶつ》は、
邪見憍慢《じゃけんきょうまん》の悪衆生《あくしゅじょう》、
信楽受持《しんぎょうじゅじ》すること、甚《はなは》だ以《もっ》て難《かた》し。
難《なん》の中《なか》の難《かた》きこと、斯《こ》れに過《す》ぎたるは無《な》し。
印度《いんど》、西天《さいてん》の論家《ろんげ》、
中夏《ちゅうか》、日域《にちいき》の高僧《こうそう》、
大聖興世《だいしょうこうせ》の正意《しょうい》を顕《あらわ》し、
如来《にょらい》の本誓《ほんぜい》、機《き》に応《おう》ぜることを明《あ》かす。

釈《しゃ》迦《か》如《にょ》来《らい》楞《りょう》伽《が》山《せん》
為《い》衆《しゅう》告《ごう》命《みょう》南《なん》天《てん》竺《じく》
龍《りゅう》樹《じゅ》大《だい》士《じ》出《しゅっ》於《と》世《せ》
悉《しつ》能《のう》摧《ざい》破《は》有《う》無《む》見《けん》
宣《せん》説《ぜつ》大《だい》乗《じょう》無《む》上《じょう》法《ほう》
証《しょう》歓《かん》喜《ぎ》地《じ》生《しょう》安《あん》楽《らく》
顕《けん》示《じ》難《なん》行《ぎょう》陸《ろく》路《ろ》苦《く》
信《しん》楽《ぎょう》易《い》行《ぎょう》水《しい》道《どう》楽《らく》
憶《おく》念《ねん》弥《み》陀《だ》仏《ぶ》本《ほん》願《がん》
自《じ》然《ねん》即《そく》時《じ》入《にゅう》必《ひっ》定《じょう》
唯《ゆい》能《のう》常《じょう》称《しょう》如《にょ》来《らい》号《ごう》
応《おう》報《ほう》大《だい》悲《ひ》弘《ぐ》誓《ぜい》恩《おん》
天《てん》親《じん》菩《ぼ》薩《さ》造《ぞう》論《ろん》説《せ》
帰《き》命《みょう》無《む》礙《げ》光《こう》如《にょ》来《らい》
依《え》修《しゅ》多《た》羅《ら》顕《けん》真《しん》実《じつ》
光《こう》闡《せん》横《おう》超《ちょう》大《だい》誓《せい》願《がん》

釈迦如来《しゃかにょらい》、楞伽山《りょうがせん》にして、
衆《しゅう》の為《ため》に告命《ごうみょう》したまわく、南天竺《なんてんじく》に
龍樹大士《りゅうじゅだいじ》世《よ》に出《い》でて、
悉《ことごと》く能《よ》く有無《うむ》の見《けん》を摧破《さいは》せん。
大乗無上《だいじょうむじょう》の法《ほう》を宣説《せんぜつ》し、
歓喜地《かんぎじ》を証《しょう》して、安楽《あんらく》に生《しょう》ぜんと。
難行《なんぎょう》の陸路《ろくろ》、苦《くる》しきことを顕示《けんじ》して、
易行《いぎょう》の水道《すいどう》、楽《たの》しきことを信楽《しんぎょう》せしむ。
弥陀仏《みだぶつ》の本願《ほんがん》を憶念《おくねん》すれば、
自然《じねん》に即《そく》の時《とき》、必定《ひつじょう》に入《い》る。
唯能《ただよ》く常《つね》に如来《にょらい》の号《みな》を称《しょう》して、
大悲弘誓《だいひぐぜい》の恩《おん》を報《ほう》ずべしといえり。
天親菩薩《てんじんぼさつ》、論《ろん》を造《つく》りて説《と》かく、
無礙光如来《むげこうにょらい》に帰命《きみょう》したてまつる。
修多羅《しゅたら》に依《よ》りて真実《しんじつ》を顕《あらわ》して、
横超《おうちょう》の大誓願《だいせいがん》を光闡《こうせん》す。

広《こう》由《ゆ》本《ほん》願《がん》力《りき》回《え》向《こう》
為《い》度《ど》群《ぐん》生《じょう》彰《しょう》一《いっ》心《しん》
帰《き》入《にゅう》功《く》徳《どく》大《だい》宝《ほう》海《かい》
必《ひっ》獲《ぎゃく》入《にゅう》大《だい》会《え》衆《しゅ》数《しゅ》
得《とく》至《し》蓮《れん》華《げ》蔵《ぞう》世《せ》界《かい》
即《そく》証《しょう》真《しん》如《にょ》法《ほっ》性《しょう》身《しん》
遊《ゆう》煩《ぼん》悩《のう》林《りん》現《げん》神《じん》通《づう》
入《にゅう》生《しょう》死《じ》薗《おん》示《じ》応《おう》化《げ》
本《ほん》師《じ》曇《どん》鸞《らん》梁《りょう》天《てん》子《し》
常《じょう》向《こう》鸞《らん》処《しょ》菩《ぼ》薩《さつ》礼《らい》
三《さん》蔵《ぞう》流《る》支《し》授《じゅ》浄《じょう》教《きょう》
梵《ぼん》焼《しょう》仙《せん》経《ぎょう》帰《き》楽《らく》邦《ほう》
天《てん》親《じん》菩《ぼ》薩《さ》論《ろん》註《ちゅう》解《げ》
報《ほう》土《ど》因《いん》果《が》顕《けん》誓《せい》願《がん》
往《おう》還《げん》回《え》向《こう》由《ゆ》他《た》力《りき》
正《しょう》定《じょう》之《し》因《いん》唯《ゆい》信《しん》心《じん》

広《ひろ》く本願力《ほんがんりき》の回向《えこう》に由《よ》りて、
群生《ぐんじょう》を度《ど》せんが為《ため》に、一心《いっしん》を彰《あらわ》す。
功徳大宝海《くどくだいほうかい》に帰入《きにゅう》すれば、
必《かなら》ず大会衆《だいえしゅ》の数《かず》に入《い》ることを獲《う》。
蓮華蔵世界《れんげぞうせかい》に至《いた》ることを得《う》れば、
即《すなわ》ち真如法性《しんにょほっしょう》の身《しん》を証《しょう》す。
煩悩《ぼんのう》の林《はやし》に遊《あそ》んで神通《じんずう》を現《げん》じ、
生死《しょうじ》の園《その》に入《い》りて応化《おうげ》を示《しめ》すといえり。
本師曇鸞《ほんじどんらん》は、梁《りょう》の天子《てんし》、
常《つね》に鸞《らん》の処《ところ》に向《む》かいて菩薩《ぼさつ》と礼《らい》す。
三蔵流支《さんぞうるし》、浄教《じょうきょう》を授《さず》けしかば、
仙経《せんぎょう》を焚焼《ぼんしょう》して楽邦《らくほう》に帰《き》したまいき。
天親菩薩《てんじんぼさつ》の論《ろん》を註解《ちゅうげ》して、
報土《ほうど》の因果《いんが》、誓願《せいがん》に顕《あらわ》す。
往還《おうげん》の回向《えこう》は他力《たりき》に由《よ》る。
正定《しょうじょう》の因《いん》は唯《ただ》信心《しんじん》なり。

惑《わく》染《ぜん》凡《ぼん》夫《ぶ》信《しん》心《じん》発《ほ》
証《しょう》知《ち》生《しょう》死《じ》即《そく》涅《ね》槃《はん》
必《ひっ》至《し》無《む》量《りょう》光《こう》明《みょう》土《ど》
諸《しょ》有《う》衆《しゅ》生《じょう》皆《かい》普《ふ》化《け》
道《どう》綽《しゃく》決《けっ》聖《しょう》道《どう》難《なん》証《しょう》
唯《ゆい》明《みょう》浄《じょう》土《ど》可《か》通《つう》入《にゅう》
万《まん》善《ぜん》自《じ》力《りき》貶《へん》勤《ごん》修《しゅう》
円《えん》満《まん》徳《とく》号《ごう》勧《かん》専《せん》称《しょう》
三《さん》不《ぶ》三《さん》信《しん》誨《け》慇《おん》懃《ごん》
像《ぞう》末《ま》法《ほう》滅《め》同《どう》悲《ひ》引《いん》
一《いっ》生《しょう》造《ぞう》悪《あく》値《ち》弘《ぐ》誓《ぜい》
至《し》安《あん》養《にょう》界《かい》証《しょう》妙《みょう》果《か》
善《ぜん》導《どう》独《どく》明《みょう》仏《ぶっ》正《しょう》意《い》
矜《こう》哀《あい》定《じょう》散《さん》与《よ》逆《ぎゃく》悪《あく》
光《こう》明《みょう》名《みょう》号《ごう》顕《けん》因《いん》縁《ねん》
開《かい》入《にゅう》本《ほん》願《がん》大《だい》智《ち》海《かい》

惑染《わくぜん》の凡夫《ぼんぶ》、信心発《しんじんほっ》すれば、
生死即涅槃《しょうじそくねはん》なりと証知《しょうち》せしむ。
必《かなら》ず無量光明土《むりょうこうみょうど》に至《いた》れば、
諸有《しょう》の衆生《しゅじょう》、皆普《みなあまね》く化《け》すといえり。
道綽《どうしゃく》、聖道《しょうどう》の証《しょう》し難《がた》きことを決《けっ》して、
唯浄土《ただじょうど》の通入《つうにゅう》すべきことを明《あ》かす。
万善《まんぜん》は自力《じりき》なれば、勤修《ごんしゅ》を貶《へん》す。
円満《えんまん》の徳号《とくごう》、専称《せんしょう》を勧《すす》む。
三不三信《さんぶさんしん》の誨《おしえ》、慇懃《おんごん》にして、
像末法滅《ぞうまつほうめつ》、同《おな》じく悲引《ひいん》す。
一生悪《いっしょうあく》を造《つく》れども、弘誓《ぐぜい》に値《もうあ》えば、
安養界《あんにょうかい》に至《いた》りて妙果《みょうか》を証《しょう》せしむといえり。
善導独《ぜんどうひと》り、仏《ぶっ》の正意《しょうい》に明《あき》らかにして、
定散《じょうさん》と逆悪《ぎゃくあく》とを矜哀《こうあい》して、
光明名号《こうみょうみょうごう》、因縁《いんねん》を顕《あらわ》す。
本願《ほんがん》の大智海《だいちかい》に開入《かいにゅう》すれば、

行《ぎょう》者《じゃ》正《しょう》受《じゅ》金《こん》剛《ごう》心《しん》
慶《きょう》喜《き》一《いち》念《ねん》相《そう》応《おう》後《ご》
与《よ》韋《い》提《だい》等《とう》獲《ぎゃく》三《さん》忍《にん》
即《そく》証《しょう》法《ほっ》性《しょう》之《し》常《じょう》楽《らく》
源《げん》信《しん》広《こう》開《かい》一《いち》代《だい》教《きょう》
偏《へん》帰《き》安《あん》養《にょう》勧《かん》一《いっ》切《さい》
専《せん》雑《ぞう》執《しゅう》心《しん》判《はん》浅《せん》深《じん》
報《ほう》化《け》二《に》土《ど》正《しょう》弁《べん》立《りゅう》
極《ごく》重《じゅう》悪《あく》人《にん》唯《ゆい》称《しょう》仏《ぶ》
我《が》亦《やく》在《ざい》彼《ひ》摂《せっ》取《しゅ》中《ちゅう》
煩《ぼん》悩《のう》障《しょう》眼《げん》雖《すい》不《ふ》見《けん》
大《だい》悲《ひ》無《む》倦《けん》常《じょう》照《しょう》我《が》
本《ほん》師《じ》源《げん》空《くう》明《みょう》仏《ぶっ》教《きょう》
憐《れん》愍《みん》善《ぜん》悪《まく》凡《ぼん》夫《ぶ》人《にん》
真《しん》宗《しゅう》教《きょう》証《しょう》興《こう》片《へん》州《しゅう》
選《せん》択《じゃく》本《ほん》願《がん》弘《ぐ》悪《あく》世《せ》

行者《ぎょうじゃ》正《まさ》しく、金剛心《こんごうしん》を受《う》けしむ。
慶喜《きょうき》の一念相応《いちねんそうおう》して後《のち》、
韋提《いだい》と等《ひと》しく三忍《さんにん》を獲《え》、
即《すなわ》ち法性《ほっしょう》の常楽《じょうらく》を証《しょう》せしむといえり。
源信《げんしん》、広《ひろ》く一代《いちだい》の教《きょう》を開《ひら》きて、
偏《ひと》えに安養《あんにょう》に帰《き》して、一切《いっさい》を勧《すす》む。
専雑《せんぞう》の執心《しゅうしん》、浅深《せんじん》を判《はん》じて、
報化二土《ほうけにど》、正《まさ》しく弁立《べんりゅう》せり。
極重《ごくじゅう》の悪人《あくにん》は、唯仏《ただぶつ》を称《しょう》すべし。
我亦《われまた》、彼《か》の摂取《せっしゅ》の中《なか》に在《あ》れども、
煩悩《ぼんのう》、眼《まなこ》を障《さ》へて見《み》たてまつらずと雖《いえど》も、
大悲《だいひ》倦《もの》きこと無《な》くして常《つね》に我《われ》を照《て》らしたまえりと。
本師源空《ほんしげんくう》は、仏教《ぶっきょう》に明《あき》らかにして、
善悪《ぜんあく》の凡夫人《ぼんぶにん》を憐愍《れんみん》せしむ。
真宗《しんしゅう》の教証《きょうしょう》、片州《へんしゅう》に興《おこ》す。
選択本願《せんじゃくほんがん》、悪世《あくせ》に弘《ひろ》む。

還《げん》来《らい》生《しょう》死《じ》輪《りん》転《でん》家《げ》
決《けっ》以《ち》疑《ぎ》情《じょう》為《い》所《しょ》止《し》
速《そく》入《にゅう》寂《じゃく》静《じょう》無《む》為《い》楽《らく》
必《ひっ》以《ち》信《しん》心《じん》為《い》能《のう》入《にゅう》
弘《ぐ》経《きょう》大《だい》士《じ》宗《しゅう》師《し》等《とう》
拯《じょう》済《さい》無《む》辺《へん》極《ごく》濁《じょく》悪《あく》
道《どう》俗《ぞく》時《じ》衆《しゅう》共《ぐ》同《どう》心《しん》
唯《ゆい》可《か》信《しん》斯《し》高《こう》僧《そう》説《せ》

生死輪転《しょうじりんでん》の家《いえ》に還来《かえ》ることは、
決《けっ》するに疑情《ぎじょう》を以《も》って所止《しょし》と為《す》。
速《すみ》やかに寂静無為《じゃくじょうむい》の楽《みやこ》に入《い》ることは、
必《かなら》ず信心《しんじん》を以《も》って能入《のうにゅう》と為《す》。
弘経《ぐきょう》の大士《だいじ》、宗師等《しゅうしとう》、
無辺《むへん》の極濁悪《ごくじょくあく》を拯済《じょうさい》したまう。
道俗時衆《どうぞくじしゅ》、共《とも》に同心《どうしん》に、
唯斯《ただこ》の高僧《こうそう》の説《せつ》を信《しん》ずべしと。

＊注
漢文のルビは勤行用の読み方を、書き下し文のルビは文献の読み方を示したものである。

親鸞聖人の正信偈に人生を聞く

『正信偈』の題目に聞く

「あなたの宗教は」と聞かれて、正確に宗派の名前が答えられない人でも、家は「帰命無量寿如来《きみょうむりょうじゅにょらい》」といえる人は多いと思いますが、次の世代まで伝わって行く姿勢でお勤めできているでしょうか。真宗門徒に親しい『正信偈』さんは、『正信念仏偈』（お念仏でなければ救われない身に感動する歌）といわれて、親鸞聖人の主著・真宗の根本聖典である『教行信証《きょうぎょうしんしょう》』の「行巻」（佛光寺『真宗聖典』二二六〜二三〇頁。以下略して「佛」・東本願寺『真宗聖典』二〇四〜二〇八頁。以下略して「東」とする）の最後にある、漢文の讃歌です。

親鸞聖人のお念仏は、

親鸞におきては、ただ念仏して弥陀にたすけられまいらすべしと、よきひとのおおせをかぶりて信ずるほかに別の子細なきなり。（『歎異抄《たんにしょう》』「佛」七九二頁・「東」六二七頁）

と、法然上人との出遇いにおいて、いただかれた「ただ念仏」でありました。そして、親鸞聖

人が「ただ念仏」でしか救われないと頷かれたのは、

たとい法然聖人にすかされまいらせて、念仏して地獄におちたりとも、さらに後悔すべからずそうろう。そのゆえは、自余の行もはげみて仏になるべかりける身が、念仏をもうして地獄にもおちてそうらわばこそ、すかされたてまつりてという後悔もそうらわめ。いずれの行もおよびがたき身なれば、とても地獄は一定《いちじょう》すみかぞかし。

（『歎異抄《たんにしょう》』同）

（たとえ、法然上人にだまされて、念仏したために地獄におちても、決して後悔はしません。それは、念仏以外の修行をして、仏になる力のある身が、念仏したために地獄へおちたというのなら、だまされたという後悔も残りましょうが、どのような行も満足に修められないこの身においては、どうしても地獄だけが決まった住家なのです。）

という、どうしようもない「わが身」の発見があったからでした。

お念仏は、「南無阿弥陀仏」と申すことですが、正月の本山の掲示板に、

たまねぎむいたら
なみだが出た
こしょうふったら
くしゃみが出た
手を合わせたら

念仏が出た

とありましたように、手を合わせた時によく出ます。しかし、わたしたちは、いつも阿弥陀仏の願いに順じて、お念仏しているわけではありません。平生は、口癖であったり、よそ事を考えたりしていることが多く、熱心に念仏する時は、自分の願い事をかなえて欲しいと思って、申しているのではないでしょうか。そうした、自分の姿に気づいて頭の下がらないわたしたちは、「ただ念仏」になれません。「ただ」念仏になれずに、いつもおつりが欲しい念仏なのです。

それで、親鸞聖人は、『正信偈』『正信念仏偈』と「ただ念仏」と正信することの大切さを確認されたのです。「正信」の「正」は、「一」に「止」と書きます。「ただ念仏」一つに止まるには、わたしのお「念仏」が、いつも物頼みの「念物」にしている愚かさを、知らされ、教えられ続けていくしかありません。

それで、『正信偈』は、前半に、『仏説無量寿経』によって、「お念仏」の根本の精神とそのご利益を示し、後半には、そのお念仏を伝承してくださった歴史を、インドの龍樹《りゅうじゅ》菩薩・天親《てんじん》菩薩・中国の曇鸞《どんらん》大師・道綽《どうしゃく》禅師・善導《ぜんどう》大師・日本の源信《げんしん》僧都・源空《げんくう》上人（法然上人）と七人の高僧の教えをあげて讃え、最後に「唯斯《ただこ》の高僧の説を信ずべし」と示して、六十行、百二十句の『正信偈』を完結されるのです。

I

念仏の教え――『仏説無量寿経』

阿弥陀仏のはたらき

帰命《きみょう》無量寿如来《むりょうじゅにょらい》　無量寿如来《むりょうじゅにょらい》に帰命《きみょう》し、
南無《なむ》不可思議光《ふかしぎこう》　不可思議光《ふかしぎこう》に南無《なむ》したてまつる。

法然上人に出遇って、「ただ念仏」に感動された親鸞聖人は、お念仏でなければ救われないことを讃える歌の製作にあたって、まず南無阿弥陀仏、すなわち「帰命無量寿如来　南無不可思議光」と、阿弥陀仏に全身を挙げて敬うことから始められます。

「帰命」は、インドの言葉「ナマス」を中国語に訳したもので、発音を聞いて漢字になぞった「南無」と同じ意味です。わたしたちは、いつも自分にとって都合のいい人や物を選び、不都合なものは嫌いと、ハサミのように他を切り捨てる生活をしています。たくさんのごちそうも、好き嫌いの激しい人には、食べるものがありません。嫌いな人が多い人は、嫌われ者でもあります。しかし、そのような切り捨て御免の生活が、自分自身を縛り、自分の世界を狭くしていることに、気づかないのです。

そうしたわたしたちの身勝手な行いに、どこまでも関わろうとする、阿弥陀仏のはたらきを無量寿（はかりなきいのち）といいます。つまり、「無量寿如来」の「無量寿」は、阿弥陀仏のわれらを「えらばず、きらわず、みすて」ることなく救う慈悲をいい、その慈悲が現にわたしのところに来ていることを「如→来」、「如」いのちのまことがわたしのところへ「来」していることをあらわします。

つまり、わたしがここに生きてあることは、無量のご縁をいただいて「えらばず、きらわず、みすて」ない世界が実現しているからです。だから、「しらざるときのいのちも、阿弥陀の御いのちなりけれども」（『安心決定鈔《あんじんけつじょうしょう》』「東」九五九頁）といわれるように、「南無阿弥陀仏は、私のいのち」なのです。

しかし、「南無阿弥陀仏は、私のいのち」と領けるのは、何があってもまるごと救うという阿弥陀の慈悲がわたしに届いて、自分の都合でより分けてきた妄想に気づくときです。それで、「如→来」する阿弥陀仏は、気づかせるはたらきも、用意しているのです。

「南無不可思議光」の「不可思議光」は、阿弥陀仏のもう一面のはたらきである「無量光」（はかりなきひかり）の透徹した智慧をあらわします。光が来て、はじめて闇であったと気づきます。太陽が出て夜が明けるのです。智慧の光は、不安と苦悩の底知れない闇は自分の都合からしか発想しないわたしに原因があると、照らし出すはたらきです。

智慧を不可思議光とあらわすのは、仏の光はわたしの思いや言葉では表現できませんが、南無阿弥陀仏と「念仏もうさんとおもいたつこころのおこるとき」(『歎異抄』「佛」七九一頁・「東」六二六頁)に、思いを超えて闇のわたしであったと仏の光に出遇えるからです。まことに、念仏は、「自我崩壊の響きであり、自己誕生の産声」(金子《かねこ》大榮《だいえい》先生)であって、自分の思わくに死んで、事実をありのまま受けとめる、事実に生ききる喜びであります。

わたしたちは、社会生活をする以上、やりたくないこともし、組織や家族や国民の責任も果たさねばなりません。その限り、人に迷惑をかけずに生きていくことはできません。それなのに、無量のいのちを私有化し、自我をたてて混迷を深めています。そのようなわたしに、阿弥陀仏に帰命(南無)する力などありません。だから、親鸞聖人は、南無と頭が下がってお念仏がおこるのは、「帰命は本願招喚《ほんがんしょうかん》の勅命也《ちょくめいなり》」(『教行信証』「佛」二〇一頁・「東」一七七頁)と、阿弥陀仏の願いが響いた、おかげであると感動されます。

法蔵の物語

法《ほう》蔵《ぞう》菩《ぼ》薩《さ》因《いん》位《に》時《じ》
在《ざい》世《せ》自《じ》在《ざい》王《おう》仏《ぶっ》所《しょ》

法蔵菩薩因位《ほうぞうぼさついんに》の時、
世自在王仏《せじざいおうぶつ》の所《みもと》に在《ましま》して、

頭を上げることしか考えないわたしに、「帰命無量寿如来　南無不可思議光」と、身に響くお念仏がおこるのは、わたし中心の立場がひっくり返された、新しいいのちの誕生でありました。その感動の淵源《えんげん》には、あれさえ手に入れば、この苦難さえ超えればと、迷いをかさねながらも、本当の幸せを見つけたいと願い続けてきた、長い歴史がありました。

その長い求道の歴史を、物語として明らかにしたのが『仏説無量寿経』の法蔵の物語です。そこに語られる法蔵は、その昔、どのような人でも、どのような事柄でも思うままに動かすことのできる王様でありました。ところが、その法蔵という王様は、世界で自由自在に生き、あらゆる人々の人生を生き生きと自在に全うするように導く世自在王仏に出遇って、教えを聞くことになり、今まで大切に守ってきた国（財産）と王（名誉や権力）が儚い夢幻であったと気づかされます。そして、自分も目覚めた人・生き生きと生きる仏になりたいと決意し、惜しげもなく、国と王とを捨てて、本当の幸せを求めて、人々と共に助かる道を求める、菩薩として行動を起こすことになりましたと、説かれます。

わたしたちは、王様にはなれませんが、主人・主婦という言葉が語るように、いつも王様になりたい根性で、生きているのではないでしょうか。

「動くかも　主人にリモコン　向けてみる」

という川柳のように、相手を自分の思うままにボタン一つで動かせるような生活をしたいのが、わたしたちであります。しかし、かりにステキな衣服を着、好物ばかりを食し、快適な所に住むことができて、イエスマンばかりに囲まれるようになったとしても、生きている限りそれらのすべてを喪失する、死を免れることはできません。

その事柄に直面して知らされるのは、人や物事を思うままにできたと一時的に喜んでも、自分の身一つが思うようにならないという、生きてあることの厳粛な事実です。いや、この身はすでに、老い・病み・死ぬというその時の状況を、あるがままに受けとめて生きているのに、それにいつも反抗し、避けて通ろうとしているわたしの愚かさです。その愚かさが、かえってストレスをため、解決方法を自分の外にのみ求めて、ますます混迷を深めているのが、わたしたちの生き方です。

そうした、現在のわが身に満足できないことの偽装工作をご縁にして、真実に気づかしめようとするはたらきを、すべての人々が道を求める姿の原型として物語るのが、法蔵菩薩の物語であります。だから、親鸞聖人は、「この一如宝海《いちにょほうかい》よりかたちをあらわして、法蔵菩薩となりたまいて、無礙のちかいをおこしたまうをたねとして、阿弥陀仏となりたまうがゆえに、報《ほう》身《じん》如来ともうすなり」（『一念多念文意《いちねんたねんもんい》』「佛」五四六頁・「東」五四三頁）といわれます。

すなわち、法蔵は、かたちのない一如の真実から、迷っているわたしたちのためにかたちを現わしてくださった姿であり、「帰命無量寿如来、南無不可思議光」と生きてはたらいてくださる、念仏もうさんとおもいたつこころそのものの魂であると、いわれます。

だから、無自覚なわたしたちは、法蔵菩薩であるとはいえませんが、無自覚な者と知らされるがゆえに「法蔵菩薩われにあり」（曽我量深《そがりょうじん》先生）といわれます。

法蔵菩薩の四十八願

観《と》見《けん》諸《しょ》仏《ぶ》浄《じょう》土《ど》因《いん》
国《こく》土《ど》人《にん》天《でん》之《し》善《ぜん》悪《まく》
建《こん》立《りゅう》無《む》上《じょう》殊《しゅ》勝《しょう》願《がん》
超《ちょう》発《ほつ》希《け》有《う》大《だい》弘《ぐ》誓《ぜい》

諸仏浄土《しょぶつじょうど》の因《いん》、
国土人天《こくどにんでん》の善悪《ぜんあく》を観見《とけん》して、
無上殊勝《むじょうしゅしょう》の願《がん》を建立《こんりゅう》し、
希有《けう》の大弘誓《だいぐぜい》を超発《ちょうほつ》せり。

王様であった時の法蔵は、別名無諍念王《むじょうねんおう》（言い争うことのない世界をひとえに念じる王様らしくない王様）ともいわれていたと、親鸞聖人はメモ（高田本山蔵の断簡）しています。だから、世自在王仏に出遇って、国と王を捨てた法蔵は、師の世自在王仏のように、自分も仏となり、師仏のように迷い苦しみ悩むものの根元を断ち切り、すべての人々が自在に生きられる国作りをしようと決意します。

そして、その願いは、自分の身が苦しみのただ中におかれても、決してひるがえしはしないと誓い、世自在王仏にその教えを請います。この法蔵菩薩の懇願と決意の大きさを見抜いた世自在王仏は、人間の想定を絶した二百一十億もの諸々の仏の浄らかな国や、そこに生きる人々の生活や善悪のようすを、くわしく見せられます。そのすべてをよく見極めた法蔵菩薩は、この上もない殊勝な願を建てるように修行します。

それは、老いに苦しむ人、病に倒れて泣いている人、死の不安におびえる人、愛する人と別れて悲しむ人、嫌な人と顔を合わせて困っている人、いつも求めるものが得られない不満の人、生きることに疲れている人々が、それでもその全体を背負うて、生き生きと生きられる国の建立を検討したのです。思えば、この身があるということは、老・病・死する身を生きているこ とですが、その身を引き受けられずに、できれば老・病・死がなければいいと一人相撲でもがいているのが、われわれでありましょう。そのような、妄想の束縛から解放しようというのが、法蔵菩薩の願いであります。

そしてこの願いが、完成しないならば、自分は仏にはならないという、いまだかつてない大きく弘い誓いを起こしました。それが、法蔵菩薩の四十八願です。やがて、その願いが完成して、法蔵菩薩は阿弥陀仏となられますので、阿弥陀仏の四十八願ともいわれます。インドのマカダ国の王妃である韋提希《いだいけ》夫人は、わが子阿闍世《あじゃせ》に背かれて王宮深く閉じ込められた時、お釈迦様の導きで、極楽世界の阿弥陀仏のみもとに生まれたいと楽《ねが》うようになります。その極楽を、親鸞聖人は、善導大師の教えをいただいて「弥陀の本国、四十八願を明かす」（『教行信証』「佛」三三七頁・「東」三二一頁）といわれます。

つまり、法蔵菩薩に建立された国こそが、本国であり故郷であって、われわれの「おのれよければすべてよし」とする世界は、故郷を失っているというのです。だから、四十八願は、すべての人々が帰るべき本国の憲法であるといえます。それで、法蔵菩薩は、浄土を建てる四十八願の第一番目に「わたしの国は、地獄・餓鬼・畜生と呼ばれるあり方、すなわち戦争と貧困と、恐怖のない国にしたい」と願われ、第二番目には、「地獄・餓鬼・畜生を引き受けられるような国民にしたい」と願われました。だから、第四十八番目の願では、「阿弥陀仏のみ名を聞くものは、みな覚りを見失わないようにしたい」と願われています。

こうして、だれでも、いつでも、どこでも、本国に帰る憶念の道として、第十八番目（本願の中心）に、南無阿弥陀仏と念仏申すことが選ばれることになります。

誓いのメッセージ

五《ご》劫《こう》思《し》惟《ゆい》之《し》摂《しょう》受《じゅ》　五劫之《ごこうこれ》を思惟《しゆい》して摂受《しょうじゅ》す。
重《じゅう》誓《せい》名《みょう》声《しょう》聞《もん》十《じっ》方《ぽう》　重《かさ》ねて誓《ちか》うらくは名声《みょうしょう》十方《じっぽう》に聞《きこ》えんと。

法蔵菩薩に建立された国は、すべての人を受け入れ、どのような状況であろうとも生き生きと生きられる、本国であり故郷でありました。しかし、故郷を見失って、

「青信号　オレが行くまで　変わるなよ」

というような世界の実現を夢見ているわれわれを、根こそぎ目覚めさせて本国に帰らすことは、大地を割るような大仕事であります。それで、法蔵菩薩は、五劫という想像を絶するような、とてつもなく長い時間（一劫は、四十里立方の石を、三年に一度、天女が降りて羽衣で石をなで、その石が無くなるまでの時間。五劫はその五倍）をかけて、思惟（思案）を尽くされ四十八願を

建立されました。

親鸞聖人は、いつも「弥陀の五劫思惟の願をよくよく案ずれば、ひとえに親鸞一人《いちにん》がためなりけり」(『歎異抄』「佛」八一〇頁・「東」六四〇頁)と御述懐しておられたといわれます。そして法蔵菩薩が五劫も思惟(思案)されたのは、「されば、そくばくの業をもちける身にてありけるを、たすけんとおぼしめしたちける本願のかたじけなさよ」(『歎異抄』同)と、「そくばく」というたくさんの業、つまり人類始まって以来の業を背負ってわれわれの身があるからであるといわれます。たくさんの業をもつ身のわれわれは、どれほど知恵を絞り努力を積み重ねてみても、「欲もおおく、いかり、はらだち、そねみ、ねたむこころ、おおくひまなくして、臨終の一念にいたるまで、とどまらず、きえずたえず」(『一念多念文意』「佛」五四八頁・「東」五四五頁)と、わが身一つを制御することさえできません。法蔵菩薩の五劫思惟は、このヘドロのような業の堆積《たいせき》を見抜いた上で、そのまま実りのある人生として、まるごと救わん(摂受)とする御苦労であったと「本願のかたじけなさ」をいただかれます。

そして、その「本願のかたじけなさ」を、法蔵菩薩のさらなる誓い、重ねての三つの誓い(「佛」二八〜二九頁・「東」二五頁)に見いだされます。その第一は、世に超えた誓いである四十八願が実現しなければ、自分は仏になりません。第二は、永遠に苦しみ悩む人々が救われなければ、自分は仏になりません。第三は、阿弥陀仏の名がすべての人々に響き渡り聞こえるようにならなかったら、自分は仏になりません、という誓いです。

親鸞聖人は、この三番目の誓いこそが、「さるべき業縁《ごうえん》のもよおせば、いかなるふるまいもすべし」（『歎異抄』「佛」八〇二頁・「東」六三四頁）という人間が、明るく生きぬいていく唯一の道と領かれて、「重ねて誓うらくは、名声《みょうしょう》十方に聞こえんと」と讃嘆《さんだん》されました。「名声」は、「名号」のことですが、名号は口でいう固有名詞ではなく、「南無阿弥陀仏」と阿弥陀仏に帰依（南無）する応答ですから、われわれに「南無阿弥陀仏」と自分の想定にピリオドをうって法蔵菩薩の願いに生きさせたいという誓いのメッセージです。

法蔵菩薩は、南無阿弥陀仏とまでなって、念々に夢から覚めよと呼びかけてくださっていたのです。それで、法然上人は、お念仏は本願が選んだ行であるから、勝れていてしかも易しく誰でも申せるといわれます。その教えをうけた親鸞聖人は、五劫思惟の本願を憶念しなければ助からない身として「ただ念仏」されました。だから、お念仏するのは、数や声に力を入れるのではなく、名のりでて聞こえてきた「本願のかたじけなさ」にもったいないと出遇い続けていく道であります。

十二の光

普《ふ》放《ほう》無《む》量《りょう》無《む》辺《へん》光《こう》　普《あまね》く、無量《むりょう》、無辺光《むへんこう》、
無《む》礙《げ》無《む》対《たい》光《こう》炎《えん》王《のう》　無礙《むげ》、無対《むたい》、光炎王《こうえんのう》、
清《しょう》浄《じょう》歓《かん》喜《ぎ》智《ち》慧《え》光《こう》　清浄《しょうじょう》、歓喜《かんぎ》、智慧光《ちえこう》、
不《ふ》断《だん》難《なん》思《し》無《む》称《しょう》光《こう》　不断《ふだん》、難思《なんじ》、無称光《むしょうこう》、
超《ちょう》日《にち》月《がっ》光《こう》照《しょう》塵《じん》刹《せ》　超日月光《ちょうにちがっこう》を放《はな》ちて、塵刹《じんせつ》を照《て》らす。
一《いっ》切《さい》群《ぐん》生《じょう》蒙《む》光《こう》照《しょう》　一切《いっさい》の群生《ぐんじょう》、光照《こうしょう》を蒙《かぶ》る。

南無阿弥陀仏となって、一声一声に夢から覚めよと、呼びかける法蔵菩薩は、阿弥陀仏となって、あらゆる人を救いながら、すでに十劫も歩み続けていました（『仏説無量寿経』「佛」三三頁・「東」二九頁）。そのことに気づかれた釈尊は、名を通して人間の闇を照らす光を、広く深く感得されました。それで、阿弥陀仏を「無量光《むりょうこう》仏、無辺光《むへんこう》仏、無礙光《むげこう》仏、無対光《むたいこう》仏、焔王光《えんのうこう》仏、清浄光《しょうじょうこう》仏、歓喜光《かんぎこう》仏、智慧光《ちえこう》仏、不断光《ふだんこう》仏、難思光《なんじこう》仏、無称光《むしょうこう》仏、超日月光《ちょうにちがっこう》仏と号したてまつる」（『仏説無量寿経』「佛」三五頁・「東」三〇頁）と、十二光仏の名をあげられます。だから、親鸞聖人は、「光如来《こうにょらい》ともうすは、阿弥陀仏なり」（『尊号真像銘文《そんごうしんぞうめいもん》』本「佛」五〇九頁・「東」五一八頁）といわれて、如来の光ではなく、光が如来であり、阿弥陀仏であるといわれます。

　光そのものは、肉眼では見えませんが、虹のように太陽の光が空気中の水滴によって屈折、反射されると七色（民族によって違う）に見えます。お名号から光を放っている「光明本尊」は、お名号が光となって、われわれの闇を角度を変えて限りなく照らし、お念仏に帰らせるはたらきをあらわすのでしょう。それで、「普く、無量、無辺光、無礙、無対、光炎王、清浄、歓喜、智慧光、不断、難思、無称光、超日月光を放ちて、塵刹を照らす。一切の群生、光照を蒙《かぶ》る」といわれるのです。

「正信偈」は、七字に収めますから、光の字が略されているところもありますが、『仏説無量寿経』（「佛」三五頁・「東」三〇頁）の順番の通りに十二光を述べられて、平等に塵のような数限りない世界を照らし、すべての人々は、求める以前にすでにその光の恩恵の中にあるといわれます。また、親鸞聖人は、中国の曇鸞大師の教えによりながら、十二光の順に和讃されるだけでなく、時には左訓（本文の左に書かれている注釈）までされて、闇を破る光の尊さを讃えられます。

無量光

そのはじめが、無量光です。無量光には、

智慧の光明はかりなし
有量《うりょう》の諸相《しょそう》ことごとく
光暁《こうきょう》かむらぬものはなし
真実明《しんじつみょう》に帰命せよ
（『浄土和讃』「佛」五八〇頁・「東」四七九頁）

（阿弥陀仏の智慧の光は、無量だから世間のすべてを照らし尽くす。この光に包まれないものはないから、まことを知らせる阿弥陀仏の光に、帰依しよう）

と和讃されます。

そして、「有量の諸相」には、「有量は世間にあることはみな量りあるによりて有量といふ。仏法はきわほとりなきによりて無量といふなり」（『親鸞和讃集』名畑應順校注・岩波書店・十六頁・以下「集」と略す）と、左訓されます。「光明は智慧なり」（『一念多念文意』「佛」五四六頁・「東」五四三頁）ですから、世間にあるものは、みな有限と知らせて、有限を無限にしようとする限界と、その傲慢さまであぶり出すのが、阿弥陀仏の無量の智慧のはたらきです。

そして、その有限を照らす「智慧」については、「智は、あれはあれ、これはこれと分別して、思ひ計らふによりて、思惟《しゆい》に名づく」（『集』十五頁）と左訓されます。

阿弥陀仏の無限の智は、あれはあれこれはこれと、一点の曇りもなく照らすのです。有限知のわれわれは、あれをこれにし、これをあれにしようと努め、わが子まであれのようであったらいいと思い、時にはわが子の人格を無視して、あれとこれとをつきこねたら、ちょうどよくなると思う。そういう思いや努力のすべてが、自分中心の有限知であると教えて、あるがままをあるがままに受け取る、真実の明るさに出遇えといわれるのです。真実の明るさ、それは、南無阿弥陀仏と「真実明」（阿弥陀仏）に頭が下がることだといわれます。

無辺光

十二光の二番目は、無辺光で、はてしなく行き届く光です。親鸞聖人は、無辺光について、

解脱《げだつ》の光輪《こうりん》きわもなし
　光触《こうそく》かぶるものはみな
有無をはなるとのべたまう
　平等覚に帰命せよ

（『浄土和讃』「佛」五八一頁・「東」四七九頁）

（すべてのとらわれから人々を解放する阿弥陀仏の光は、全世界を照らしている。照らされるものは、みな有無の執着を離れるといわれる。すべてを平等に救う阿弥陀仏に、帰依しよう）

と和讃されます。

はてしない光は、すべての人に至り届いて、あらゆるとらわれを「解脱」解放させるといわれます。それで、この無辺光仏の光を受けたものは、「有無をはなるとのべたまふ」と「ある・なし」のとらわれから解放されるといわれます。最近、ブータンの国民総幸福度（GNH）が注目され、政府も「幸福度指標」の試案を公表して、幸福度の向上を目指す関心が高まっていますが、『仏説無量寿経』は、「尊と無く卑と無く、貧《びん》と無く富と無く、少長《しょうちょう》、男女《なんにょ》、共に銭財《せんざい》を憂いて、有無同く然《しか》り、憂思適《まさ》に等し」（「佛」六五頁〜六六頁・「東」五八頁）と教えます。阿弥陀仏のまなざしからいうと、威張る人も卑下する人も、生活の苦しい人も贅沢な人も、子どもも大人も男も女も、みんなお金があったらなあというが、所有欲にとらわれている限り有っても無くても同じで、憂い悩みは変わらないというのです。

こうした心のとらわれを厳しく問われても、

「冬嫌い　半年経てば　夏嫌い」

との思いはかわりませんから、「平等覚に帰命せよ」と鉄槌がおろされます。平等覚の左訓には、「阿弥陀は法身にてましますあひだ、平等覚といふなり」（「集」十七頁）とあります。有無にとらわれるわれらは、南無阿弥陀仏と平等覚に帰命するほかに、あるがままをあるがままに受け取る喜びは湧かないと教えられるのです。

無礙光

三番目は、無礙光で、なにものにもさまたげられることのない光です。親鸞聖人は、無礙光について、

光雲《こううん》無礙《むげ》如《にょ》虚空《こくう》
　一切の有礙《うげ》にさわりなし
光沢《こうたく》かぶらぬものぞなき
難思議《なんしぎ》を帰命せよ
（『浄土和讃』「佛」五八一頁・「東」四七九頁）

（なにものにも妨げられない阿弥陀仏の光は、大空のように行きわたっている。いかなる障害も超えて、照らされるものに智慧を恵まれる。人々の想像を絶する徳の阿弥陀仏を、帰依しよう）

と和讃されます。

「光雲無礙如虚空」には、「光、雲の如くして碍なきこと虚空の如し」（「集」十七頁）と左訓されます。仏さまの智慧は、雲も茜雲《あかねぐも》にするような感動を呼び起こすはたらきがあるから、「一切の有礙にさわりなし」といわれます。その時の都合で、天にまで、

「雨よ降れ　雨よ降るなと　いう勝手」

と注文をつけても、虚空（大空）のような仏の智慧は、凡夫の煩悩に礙げられることはありません。

それどころか、仏さまの智慧は、「光沢かぶらぬものぞなき」と、雨が山川草木をうるおすようにすべての人々に「光沢」うるおいを与えてくださるのです。この「光沢」には、「光に当たる故に智慧の出でくるなり」（「同」）と左訓されます。智慧のでてくる生活は、礙りを仏縁にする生活です。だから、「難思議を帰命せよ」と、事実を人間の思議（解釈）で納得させようとする愚かさに目覚めて、南無阿弥陀仏せよと教えられるのです。

無対光

十二光の四番目は、無対光で、他と比べようもなく勝れている光です。親鸞聖人は、無対光について、

清浄光明ならびなし
　遇斯光《ぐしこう》のゆえなれば
一切の業繫《ごうけ》ものぞこりぬ
　畢竟依《ひっきょうえ》を帰命せよ

（『浄土和讃』「佛」五八一頁・「東」四七九頁）

（阿弥陀仏の清浄な光は、他に並ぶものがない。この光に遇えば、無始以来の悪業の束縛から解放される。すべての人々の究極のよりどころである阿弥陀仏を、帰依しよう）

と和讃されます。

「清浄光明ならびなし」と讃えられる阿弥陀仏の光は、「貪欲の罪を消さんれう（料）に清浄光明といふなり」（『集』十八頁）と左訓されます。われわれは、所有欲の満足にのみ目をむけて、生きる喜びを見忘れているといわれます。阿弥陀仏の清浄な光は、私利私欲が自分と世界を汚染する罪であることを徹底して照らしだし、己よければすべてよしとする心を素材として、本当の自分に出遇わせるといわれます。

それで、親鸞聖人は、この光に遇えば「一切の業繫をのぞく」といわず、「一切の業繫ものぞこりぬ」と、業へのとらわれから解放されるといわれます。われわれは、自分の業（行為）で自分を縛ってもがき苦しむのですから、その縛りを解くには、業の事実に目を開いて、自分の業を尽くすしか解決方法はありません。

しかし、業を尽くす生き方は、業に縛られている自分からは出てきません。それで、「畢竟依を帰命せよ」と、業を尽くす道は、究極のよりどころである阿弥陀仏への帰命しかないといわれます。そして、「帰命」の「帰」には「したがふ」、「命」には「めしに」と左訓（『集』同）されます。つまり、畢竟依への帰命、それはいつも物欲しげで不満をため込む心を突破して、阿弥陀仏のめし（よびかけ）にしたがって、あること自体に身を据え満足せよという勅命であると、教えられるのです。

光炎王光

五番目は、光炎王光で、煩悩を焼き尽くす光です。親鸞聖人は、
仏光照曜最第一《ぶっこうしょうようさいだいいち》
　光炎王仏となづけたり
　三塗《さんず》の黒闇ひらくなり
　大応供《だいおうぐ》を帰命せよ
（『浄土和讃』「佛」五八一頁・「東」四七九頁）
（阿弥陀仏の光の輝きは、最も勝れて、光炎王仏とも名付けられる。地獄・餓鬼・畜生の迷いに沈む人々の姿を照らし救われる。すべての人々の供養に応ずる阿弥陀仏を、帰依しよう）
と和讃されます。
三塗は、地獄《じごく》・餓鬼《がき》・畜生《ちくしょう》のことで、塗は道をあらわします。地獄は火に焼かれることから火塗《かず》といい、餓鬼は刀で責められるから刀塗《とうず》といい、畜生はお互いに食い合うことから血塗《けちず》といいます。ともに、自分中心の思いに汚染されて、優しさやいたわりや恥ずかしさをなくして生活することで、

「地獄だな　心通じぬ人たちが　いやでも同じ　家に住むとは」
と、人と人との間に生きる人間が、その間を見失った悲惨なあり方です。

この三塗にどっぷり漬かっているわれらに、「大応供を帰命せよ」といわれます。大応供は、「彌陀如来なり」（「集」十八頁）と左訓されるように、お供えものにまで自分の都合をお願いする者にも応えてくださる、阿弥陀仏の別名です。お供養にも結果を求める傲慢な身は、大応供の阿弥陀仏に帰依するほかに、すべてをご縁といただく生活はないと教えられるのです。

清浄光

十二光の六番目は、清浄光で、欲をはなれた阿弥陀仏の清らかな光です。親鸞聖人は、清浄光について、

道光明朗超絶《どうこうみょうろうちょうぜつ》せり
　清浄光仏ともうすなり
ひとたび光照《こうしょう》かぶるもの
　業垢《ごうく》をのぞき解脱《げだつ》をう

（『浄土和讃』「佛」五八一頁・「東」四七九頁）

（仏の覚りから放たれる勝れた光は明朗であるから、清浄光仏ともうす。ひとたびこの光に照らされると、根こそぎ身心の垢が洗い出されて、あらゆる想定から解放されていく身になる）

と和讃されます。
自己愛と地域エゴに縛られているわれらは、ゴミ置き場一つにも、遠くてもいや近くてもいやと、不満を募らせ、欲の多い生活をしています。そういう欲への埋没そのものが問題だと、足下を見直すには、「道光明朗超絶」に「彌陀の光、明らかに勝れたりとなり」（「集」十八頁）と左訓されるような、人間の心を超えた阿弥陀仏の光に遇う以外にありません。それで、清浄光は「業垢をのぞき解脱をう」といわれます。業垢の左訓には、「悪業煩悩《あくごうぼんのう》なり」（同）とあるように、光に照らされると、身を煩らわし心を悩ますのは、欲であったと懺悔《さんげ》するまっさらの道が開かれます。この目覚めのみが、欲に縛られない自由の道、「解脱をう」ることであると教えられます。

歓喜光

七番目は、歓喜光で、怒りや腹立ちの心を、喜びに変える光です。親鸞聖人は、

慈光《じこう》はるかにかぶらしめ
　ひかりのいたるところには
法喜《ほうき》をうとぞのべたまう
大安慰《だいあんに》を帰命せよ
（『浄土和讃』「佛」五八一頁・「東」四七九頁）

（阿弥陀仏の慈しみの光は、すべての方向に行きわたり、この光の当たるところは、まことに出遇った喜びがあふれでる。大きな慰めとなる阿弥陀仏を、帰依しよう）

と和讃されます。

谷川俊太郎さんの「シミ」という詩に、「妬みと怒りで汚れた心を　哀しみが洗ってくれたが　シミは残った　洗っても洗っても　おちないシミ　今度はそのシミに腹を立てる　真っ白な心なんてつまらない　シミのない心なんて信用できない　と思うのは負け惜しみじゃないできればシミもこみで　キラキラしたいのだ　（万華鏡のように？）」（「こころ」平成二十四年二月の詩・朝日新聞夕刊）というのがありました。

いかり・はらだち・そねみ・ねたむ心は、一時消えたように思えても、業が湧くというように湧いてくる心ですから、どうしようもありません。そのようなわたしのすべてを見通す光が、慈光です。だから、慈光は、「あわれむ光。慈は父の慈悲にたとふるなり」（「集」十九頁）と左訓されて、腹立ちは消えないと真向かいになって指摘した上で、腹立ちもふくめてキラキラさせる阿弥陀仏のはたらきを、父の慈悲に譬えるのです。

この厳しい父の愛に出遇うことが、「みのりを喜ぶなり」（同）と左訓される「法喜」なのです。それで、「大安慰」には、「大安慰は弥陀の御名なり。一切衆生のよろづの歎き、憂え、悪しきことを皆失ふて、安くやすからしむ」（「集」十九〜二十頁）と左訓されます。万華鏡に入ればわづかな紙の切れ端も、その時に応じて他と関わりあいながらみごとな華を咲かせます。南無阿弥陀仏と聞こえると、腹立ちで狂う心を解きほぐし、安く落ちつく世界が恵まれるといわれます。それで、大安慰である阿弥陀仏に帰命しようと勧められるのです。

智慧光

十二光の八番目は、智慧光で、闇を照らし続ける阿弥陀仏のまことの光です。親鸞聖人は、智慧光について、

無明《むみょう》の闇《あん》を破するゆえ
　智慧光仏となづけたり
一切諸仏三乗衆《いっさいしょぶつさんじょうしゅ》
　ともに嘆誉《たんよ》したまえり
（『浄土和讃』「佛」五八二頁・「東」四七九頁）

（阿弥陀仏の光は、愚かで無知な人間の闇を照らし尽くして破るから、智慧光仏といわれる。それですべての仏・菩薩・仏弟子たちは、智慧の光の仏とこぞってほめ讃えられる）

と和讃されます。

「むかし愛　すこしまえ金　いまいのち」

といった人がいます。若い時は愛さえあればと夢中になり、中年には金さえ手に入れればと懸命

に生きて、老いが見えだしたら健康が第一になったというのでしょう。ふりかえれば、わかっていたつもりの人生は、自分の都合に振り回されてきただけで、しかも都合よく行かなければ、自分以外のせいにして、愚痴を増やし続けて、世間を狭くしてきただけではないでしょうか。

こうして蓄積してきた人間の無知は、自分で気づくことができません。「無明の闇」に左訓して「闇にてくらし」(『集』十九頁)という、無知とも知らぬ闇の深さは、智慧の光に遇って知らされるのです。闇を闇と知らせる智慧光に出遇ったのが、仏・菩薩・仏弟子たちです。だから、闇と知らされ闇が破られた喜びを、智慧光仏のおかげと、讃えられるのです。

不断光

九番目は、不断光で、いつもやすむことのない阿弥陀仏の光です。親鸞聖人は、不断光について、

光明てらしてたえざれば
　不断光仏となづけたり
聞光力《もんこうりき》のゆえなれば
　心不断にて往生す
(『浄土和讃』「佛」五八二頁・「東」四七九頁)

(阿弥陀仏の光は、途絶えることなく照らし続けるので不断光仏という。この不断の光を感得する者

は、本願を聞いて絶えることのない信心によって往生する）

と和讃されます。

億万年のいのちのリレーでいただいた身体でさえ、

「肝臓を　鍛えるために　今日も飲む」

といい、若くして逝く人もいるのに高齢を嘆いて、わがもの顔の解釈でのみ生きてきた。このような曖昧なボヤキのわれらであるからこそ、阿弥陀仏の光は絶えることなく照らし続けるのです。

「聞光」とは、聞きなれない言葉ですが、聞光力の左訓には「聞といふはきくといふ。聞くといふはこの法をきゝて信じて常にたえぬこゝろなり」（「集」二十一頁）といわれます。不断光は、都合のよい解釈に立つわたしを、絶えず照らすとともに、「法を聞きて信じて常にたえぬ」と、聞法の座に着かす原動力です。野口雨情さんは、孫に「耳で聞いたことだけが、まこと」といわれました。聞いて覚えたことは忘れますが、忘れるからこそいつも初事と聞き続けられるのが聞法です。

そして、「心不断にて往生す」については、「彌陀の誓願を信ぜる心斷へずして往生すとなり」（「集」二十頁）と左訓されます。教えを聞信することで、いつも自分の解釈の間違いを知り、弥陀の誓願に帰るのです。往生は、「信心のさだまるときに往生またさだまるなり」（『親鸞聖人御消息集』上「佛」七一五頁・『末燈鈔《まっとうしょう》』「東」六〇〇頁）といわれるように、肉体の死をいうのではありません。つねに解釈に死んで、現実をあるがままに受け取る、事実に生きる至福の歩みをいただくことが往生のさだまりなのです。

難思光

十二光の十番目は、難思光で、凡夫の想定では量ることのできない阿弥陀仏の智慧の光です。

親鸞聖人は、難思光について、

仏光測量《ぶっこうしきりょう》なきゆえに
　難思光仏となづけたり
諸仏は往生嘆じつつ
弥陀の功徳を称せしむ
（『浄土和讃』「佛」五八二頁・「東」四八〇頁）

（阿弥陀仏の光は、人間のはかり知ることでないから難思光仏といわれる。阿弥陀仏の光に出遇って往生できる功徳を、諸仏はともにほめ讃えられる）

と和讃されます。

良い成績表で、ファックスで祖父母に送る孫がいるかと思うと、通信簿はプライバシーだからと、見せぬ孫もいます。老いも若きも、自己主張と自己弁護。朝から晩まで煩悩をおこして、計算通りになることが最高の人生だと思っています。はたしてそうかと、生きがいを求めて仏法に聞けば、「うらの仏法は、ごまかし仏法、尊いお方の真似をして、自分の胸に、ひっつけて、わが物顔に書いて見て、ひとをごまかし、自分は溺れ、溺れを知らずに、溺れてる」(『浮草抄』前川五郎松・四三頁)という自分が見えてきます。

自分には闇しかないと落ち込んでも、闇が闇だと気づけたのは、阿弥陀仏の光に照らされたからです。愚かな自分に気づかされたのは、阿弥陀仏の量り知ることのできない難思光のおかげです。こうして、仏の国を願う人は、闇が自分だと知らされますから、自分の思いで人生をおしはかる必要のない、豊かな生きかたを賜わります。この豊かな人生こそ阿弥陀仏の功徳であると、諸々の仏たちが、褒め讃えてくださるのです。

無称光

十一番目は、無称光で、人間の思いではいい尽くすことのことのできない阿弥陀仏の光です。

親鸞聖人は、無称光について、

神光《じんこう》の離相《りそう》をとかざれば
　無称光仏となづけたり
因光成仏《いんこうじょうぶつ》のひかりをば

諸仏の嘆ずるところなり

（『浄土和讃』「佛」五八二頁・「東」四八〇頁）

（阿弥陀仏の光は、すがた形を離れているから、言葉で表現できないので無称光という。この光の無量を完成した阿弥陀仏を、諸仏はほめ讃えられる）

と和讃されます。

肉眼は、外を見るようにできてますから、自分の眼の限界に目覚めよという阿弥陀仏の内にくい込む光は、自分の眼では見えません。だから、阿弥陀仏の光を説明すればするほど、自己理解に埋もれて、迷いを増幅します。しかし、ほめることもたたえることもできないわたしを、見ていてくださる、照らしていてくださると、お育てを感じることがあります。親鸞聖人が因光成仏に、「光きはなからんと誓ひ給ひて、無碍光佛となりておはしますと知るべし」（「集」二一頁）と左訓されるのは、闇であると領けたのは、「光きはなからんと誓」われたはたらきであったと実感されて、「知るべし」と念をおされたのでしょう。

この、「光きはなからん」という誓いに、闇が知らされて目覚めいく人々が生まれ出ることを、「諸仏の嘆ずるところなり」とほめられるのが、諸仏です。諸仏は、わたしに先だって、阿弥陀仏の光に出遇い、あるがままの世界を歩んでおられるのです。その諸仏に出遇ってしぶとい頭が下がると、無数の諸仏はすでに念仏せよと、叱咤激励されていたと、知らされるのです。わたしたちは、この諸仏のほめたもう言葉に押し出されて、同じ南無阿弥陀仏の道を歩むことができるのです。

超日月光

十二光の最後は、超日月光で、阿弥陀仏の智慧の光は、月日の光を超えていると譬えられます。親鸞聖人は、超日月光について、

光明月日に勝過《しょうか》して
　超日月光となづけたり
　釈迦嘆《たん》じてなおつきず
　無等等《むとうどう》を帰命せよ
　　　　　　　　　　　　（『浄土和讃』「佛」五八二頁・「東」四八〇頁）

（阿弥陀仏の光明は、この世の月や太陽の光よりはるかに超え勝れているので、超日月光という。この光明の徳を、釈迦は言葉を尽くして讃えるが、ほめ尽くせない。このたぐいまれな阿弥陀仏に帰依しよう）

と和讃されます。

今年は、金環日食や部分月食で、日月を仰ぐ機会がありましたが、電気の光に慣れてしまったわたしたちは、太陽や月の光のはたらきなど忘れて生活しています。まして、太陽・月・地球の絶妙のバランスが少しでも狂えば、生物が生存できないことなど、気づかずにいます。昔

の人は、立派な作物ができると「今年は日照りが良かったんでなあ」といって、いただくことがよくありました。月日の光が、すべての生物を生き生きさせるのであると、太陽の温かさや月夜の恩恵を実感する生活がありました。

親鸞聖人は、「ある『経』（『安楽集』）には、観音《かんのん》を宝応声《ほうおうしょう》菩薩となづけて、日天子《にってんし》としめす。これはよろずの衆生の、無明黒闇《むみょうこくあん》をはらわしむ。勢至《せいし》を宝吉祥《ほうきっしょう》菩薩となづけて、月天子《がってんし》とあらわれ、生死《しょうじ》の長夜《じょうや》をてらして、智慧をひらかしむるなり」（『唯信鈔文意』「佛」五五四～五五五頁・「東」五四八頁）と、日月の光は阿弥陀仏の脇士のはたらきをあらわすと崇めておられます。その上で、「超といふは、この彌陀の光明は、日月の光にすぐれたまふゆへに、超とまふすなり。超は餘のひかりにすぐれこえたまへりとしらせむとて、超日月光とまふすなり」（『弥陀如来《みだにょらい》名号徳《みょうごうとく》』（「真宗聖教全書・二宗祖部」七三六頁）といわれます。

日月の光を超える超日月光は、太陽や月の光では決して見えない、観音や勢至の光も届かない人間の心の奥底「欲もおおく、いかり、はらだち、そねみ、ねたむこころ」（『一念多念文意』「佛」五四八頁・「東」五四五頁）を根こそぎ照らすのです。お釈迦様は、苦行の山を出られ、苦しみのおこってくるもとをたずねて菩提樹の下で瞑想《めいそう》されました。そして、明けの明星《みょうじょう》が輝く時、遂にその原因は無明（愚かさ）にあると、覚られました。その覚りの内容である無明の大《だい》夜《や》を照らしたのが、阿弥陀仏の光・超日月光ですから、その感動は「釈迦嘆じてなおつきず」

といわれ、「無等等（どこにも等しく等しいもののない）」阿弥陀仏への帰依のみが、闇を破って明るさに出遇える道と讃えられます。

こうして、十二の名前になった阿弥陀仏の光は、妻が、

「外は雨　夫はゴルフ　天罰や」

といえば、夫が、

「スマートフォン　妻と同じで　操れず」

という川柳のように、自分の都合をいいあって塵のようにバラバラなっている生活をくまなく照らして、迷っていることを知らしめます。それで、この光に遇えば、「三垢消滅《さんくしょうめつ》し、身意柔軟《しんいにゅうなん》なり。歓喜踊躍《かんぎゆやく》して善心生《しょう》ず」（『仏説無量寿経』（「佛」三五頁・「東」三〇頁）と、自分を閉塞させている愚かさに気づかせ、手放しでおまかせをする、身心ともに柔らかな生き方があると教えられるのです。こうして、親鸞聖人は、「一切の群生、光照を蒙る」と、この阿弥陀仏の光の徳を蒙《こうむ》らない者は、一人もいないと喜ばれました。

名前の力

本《ほん》願《がん》名《みょう》号《ごう》正《しょう》定《じょう》業《ごう》　本願《ほんがん》の名号《みょうごう》は正定《しょうじょう》の業《ごう》なり。

「名前は、生まれた時に、つけてもらえる、一番大事なもの。それは、命の発表なのだ」といった十歳の子がいます。名は、いのちの発表であるとともに、その名にかけられた願いを生きることでもあります。

名号は、阿弥陀仏という四字の名でなく、南無阿弥陀仏すなわち阿弥陀仏に南無（帰命）するという六字のみ名です。そしてその名号に本願をつけて「本願の名号」というのは、人間の生活と悩みを知り抜いた法蔵菩薩が、思い通りになることが幸せだと思い込む迷走に切り込んで、根っこから解放しようと願い選ばれた名告りが、南無阿弥陀仏であるからです。だから、南無阿弥陀仏の名号は、本願の呼びかけであるとともに、その呼びかけに対する応答でありますから、願掛けの言葉や呪文にはなりません。

しかし、名にそうした人間変革の力があることは、すぐにはわかりません。それで、阿弥陀仏は、本願名号の意義が世界中の仏たちに讃えられ、称えられるようになるまでは、覚りませんと誓われました。阿弥陀仏が、諸々の仏たちにほめられようと誓うのは、仏の名誉のためではありません。どこまでも、名に執われ、自分の価値観でしか人やものを見ていないわたしたちの誤りを、いつでも、どこでも、だれにでも即座に思い知らせて、明るく正しい生活を歩ませるためであります。

自分の思いを大切にするわたしに、阿弥陀仏の願いに帰るこころは、おこりません。だから、わたしの口から、南無阿弥陀仏と出ても、それはわたしの力ではありません。親鸞聖人はもとより、先生や先輩、祖父母、両親、友人知人が諸仏となって、南無阿弥陀仏を称えておられるご縁に出遇えたからです。阿弥陀仏は、無数の仏とつながって、現にわたしを育てて、無分別の世界を願えとお勧めくださっていたのです。

そのお勧めが響くので、本願の名号が、正定業になるのです。正定の業とは、往生が定まる行為で、善し悪しをいわずどのような状況でも、引き受けて生きていける浄土を願う行いです。親鸞聖人は、南無阿弥陀仏と称えるはたらきを「爾《しか》れば名《みな》を称《しょう》するに、能《よ》く衆生の一切の無明《むみょう》を破し、能く衆生の一切の志願《しがん》を満てたまう。称名《しょうみょう》は則ち是《これ》最勝真妙《さいしょうしんみょう》の正業《しょうごう》。正業は則ち是念仏、念仏は則ち是南無阿弥陀仏、南無阿弥陀仏は即ち是正念《しょうねん》也と。知るべしと」（『教行信証』「佛」一八五頁・「東」一六一頁）といわれます。

　ところが、称名として、南無阿弥陀仏と称えると、称えるところに力が入ります。わたしの称えに力が入れば、一念か多念か大声か小声かなどと発音にとらわれて、いつのまにか仏の願いを忘れ、

「名に願い　込めたとおりに　ならない子」

というような自分になっていきます。その臨界をこえることは、称えるわたしの側からはできません。それで、南無阿弥陀仏は「本願の名号」といわれ、大行（阿弥陀仏の行）といわれ、阿弥陀仏の願いに出遇えた感動の「報謝《ほうしゃ》の念仏」と教えられてきたのです。

　称名は、諸仏称名で仏の位であり、わたしはいつでもその名を聞く位であって、その分限の呼応が南無阿弥陀仏です。だから、南無と頭の下がることも「本願招喚《しょうかん》の勅命《ちょくめい》也」（『教行信証』「佛」二〇一頁・「東」一七七頁）であり、「南無阿弥陀仏は、生ける言葉の法身《ほっしん》なり」（曽我量深先生）といただくのです。

呼び覚まされておこる心

至《し》心《しん》信《しん》楽《ぎょう》願《がん》為《に》因《いん》　至心信楽《ししんしんぎょう》の願《がん》を因《いん》と為《す》。

人間の生活をまるごと見通した阿弥陀仏が、無数の仏とつながって、すべての人をたすけんと誓われたのが、南無阿弥陀仏の教え、「本願名号正定業」でありました。その誓いを、さらに徹底しようとして、誓われたのが、「至心信楽の願」、すなわち「設《も》し我仏を得んに、十方の衆生、至心信楽《ししんしんぎょう》して我が国に生まれんと欲《ほっ》して、乃至十念《ないしじゅうねん》せん。若し生まれずは、正覚を取らじ。唯五逆《ただごぎゃく》と正法《しょうぼう》を誹謗《ひほう》せんをば除く」（『仏説無量寿経』「佛」二一頁・「東」十八頁）という第十八願であります。

「我が国に生まれんと欲して、乃至十念せん」とは、阿弥陀仏の国に生まれたいと欲《おも》って、南無阿弥陀仏と称えよといわれるのです。そこには、わたしたちが想定する世界には、救いがないという阿弥陀仏の眼があります。それで、救いのないことを知らせようとして、「唯五逆と正法を誹謗せんをば除く」といわれるのです。五逆とは、人倫や仏道に逆らう罪で、父を殺す、母を殺す、修行者を殺す、仏身を傷つける、教団を破壊するの五つですが、身でする殺生《せっしょう》・偸《ちゅう》盗《とう》・邪婬《じゃいん》、口でする妄語《もうご》・綺語《きご》・悪口《あっく》・両舌《りょうぜつ》、心で思う貪欲《とんよく》・瞋恚《しんに》・愚癡《ぐち》の十悪を入れることもあります。たまに不殺生を守っても、

「ゴキブリを　殺したいけど　白い壁」

というようなわたしは、十悪のただ中にいるのです。

親鸞聖人は、お手紙で「善知識《ぜんちしき》をおろかにおもい、師をそしるものをば謗法のものと申すなり。親をそしるものをば五逆のものと申すなり」（『親鸞聖人御消息集《ごしょうそく》』下「佛」七六五頁・『御消息集』「広本」「東」五六五頁）とまでいわれますから、本願から除かれる五逆と誹謗正法の内容をわが身にあてはめれば、われらに救われる可能性は一つもありません。それで、聖人はここに唯《た》だ除くといわれたのは、「五逆のつみびとをきらい、謗法のおもきとがをしらせんとなり。このふたつのつみのおもきことをしめして、十方一切の衆生みなもれず往生すべしとしらせんとなり」（『尊号真像銘文』本「佛」五〇二頁・「東」五一三頁）と領解されます。つまり、唯だ除くという言葉には、支え合って生きているにもかかわらず、そのことに背いて本当の自分になれずにいることに気づかせ、共に生きていける阿弥陀仏の国に往かしめようとする深い願

いが秘められていたのです。

この阿弥陀仏の願いが、はじめてわたしに響いて、仏の国に生まれる者になろうと「念仏もうさんとおもいたつこころのおこる」（『歎異抄』「佛」七九一頁・「東」六二六頁）のが、信心であります。それが、「至心信楽して（真実の心で深く信ずる）」ということであるといわれます。しかし、己よければすべてよしという濁悪邪見《じょくあくじゃけん》にどっぷり漬かり、ご縁次第で何をするかわからない身を生きるわれらに、真実や清浄な心の相続はできません。

それで、「この至心信楽は、すなわち十方の衆生をして、わが真実なる誓願を信楽すべしと、すすめたまえる御ちかいの至心信楽なり。凡夫自力のこころにはあらず」（『尊号真像銘文』本「佛」五〇一～五〇二頁・「東」五一二頁）といわれて、阿弥陀仏の「至心信楽の願を因」として、清浄な心・信心がおこるといわれます。わたしたちの信心は、何かを当てにして、思うようにしてくださいと祈る依頼心ですから、「凡夫自力のこころにはあらず」と念をおされるのです。

こうして、南無阿弥陀仏の信心は、「至心信楽の願」に呼び覚まされておこる心ですから、わたしにおこる心であっても、わたしがおこす心ではありません。それで親鸞聖人は、「専ら斯の行に奉《つか》え、唯斯の信を崇《あが》めよ」（『教行信証』「佛」一七五頁・「東」一四九頁）と、南無阿弥陀仏は、奉えるものであり、「如来よりたまわりたる信心」（『歎異抄』「佛」七九五頁・「東」六二九頁）は、崇めるべきといいただかれました。

天地いっぱいの感動

成《じょう》等《とう》覚《がく》証《しょう》大《だい》涅《ね》槃《はん》
必《ひっ》至《し》滅《めつ》度《ど》願《がん》成《じょう》就《じゅ》

等覚《とうがく》を成《な》り大涅槃《だいねはん》を証《しょう》することは、
必至滅度《ひっしめつど》の願成就《がんじょうじゅ》のゆえなり。

人間の側からしか発想しないわれらは、

「さざえから　見れば壺焼き　生き地獄」

といわれて、自分の愚かさに一瞬ひるんでも、ご縁があれば肝臓を鍛えるために酒を飲むと、へりくつをいう生活を繰り返しています。そのような煩悩のかたまりであるわれらを、すべて平等に救わんと呼びかけられたのが、「本願名号正定業」お念仏もうせという教えでありました。そして、その教えが響いて、自分をよしとする思いをひるがえして念仏もうさんとおもいたったのが、「至心信楽の願」を因（もと）にした信心でありました。そのお念仏の信心によって、誕生するのが、「等覚を成り大涅槃を証する」という覚りであります。「覚り」というと、われらには、手の届かない賢明な内容のように思いますが、釈尊が覚られた初一念は、無明（決して晴れることのない闇の自分）の発見でありました。苦悩の原因が外にあるのでなく、自己の無明にあると気づくのは、妄念妄想が破れたからです。釈尊のお覚りの坐像は、結跏趺坐して、右の手の指が大地に接地したお姿（降魔接地印）です。その内面は「私はかつて牛であった、私はかつて草であった、私はかつて大地であった」といわれるように、瞑想も、六年の苦行も、苦行の決別も、すべて大地に支えられてのことであったと、五体投地して出遇った、天地いっぱいの豊かな感動を表すのです。

南無阿弥陀仏に開かれる信心は、「本願を信受するは、前念命終なり。即得往生は、後念即生なり」（『愚禿鈔』上「佛」四四三頁・「東」四三〇頁）といわれるように、わたしの思いに死んでわたしの事実に生きる回心ですから、自力の修行を尽くして、覚るのと同じ位をいただくといわれます。だから、

念仏往生の願により
等正覚にいたるひと
すなわち弥勒におなじくて
大般涅槃をさとるべし

（『正像末和讃』「佛」六三〇頁・「東」五〇二頁）

と讃嘆されます。つまり、念仏往生の願（至心信楽の願）によって、凡夫のわれらが信心の因を得れば、つねに信の一念にたって今を前念命終と歩むから、等覚（さとり）にいたり、未来仏といわれる弥勒菩薩と同じ位について、大涅槃すなわち完全燃焼させていただけるといわれます。こうして、念仏往生の願に信心を恵まれたものは、「必至滅度の願」によって、「等覚を成り大涅槃を証することは、必至滅度の願成就のゆえなり」という果をいただくのです。

それで、親鸞聖人は、「成等覚証大涅槃というは、成等覚というは、正定聚のくらいなり。このくらいを龍樹菩薩は、即時入必定とのたまえり。曇鸞和尚は、入正定之聚とおしえたまえり。これすなわち、弥勒のくらいとひとしとなり。証大涅槃ともうすは、必至滅度の願成就のゆえに、かならず大般涅槃をさとるとしるべし。滅度ともうすは、大涅槃なり」（『尊号真像銘文』本「佛」五二七頁・「東」五三一頁）と、現生に正定聚（成仏を確定したともがら）の位にいることを喜ばれます。

われらは、この世に生きる限り、煩悩はなくなりませんから滅度したとはいえませんが、本願のはたらきで必ず滅度に至る確信をえて、身をあげて聞法し念仏する生涯を賜るのです。それで、曽我量深先生は、「往生は心にあり、成仏は身にあり」といわれ、さらに「往生は、心にあるがゆえに、現生に即得し、成仏は、身にあるがゆえに、来生に超証する」といわれました。

ただ一つのこと

如《にょ》来《らい》所《しょ》以《い》興《こう》出《しゅっ》世《せ》　唯《ゆい》説《せ》弥《み》陀《だ》本《ほん》願《がん》海《かい》

如来《にょらい》、世《よ》に興出《こうしゅつ》したまう所以《ゆえ》は、唯弥陀本願海《ただみだほんがんかい》を説《と》かんとなり。

「法蔵菩薩因位時《ほうぞうぼさついんにじ》」から前回の「必至滅度願成就《ひっしめつどがんじょうじゅ》」までは、『仏説無量寿経』によって、阿弥陀仏の本願のみが、すべての人を救うと讃えられました。今回からは、本願に出遇われた釈尊の教えについて讃えられます。普通に考えると、阿弥陀仏の本願は、釈尊が説かれたから、釈迦・弥陀の順序であるといえます。しかし、親鸞聖人は、「弥陀の本願まことにおわしまさば、釈尊の説教、虚言《きょごん》なるべからず」（『歎異抄』「佛」七九二頁・「東」六二七頁）と、弥陀の本願がまことであるから、それを明らかにされた釈尊の教えが、そらごとでないといわれます。そこには、「愚身の信心におきてはかくのごとし」（同）という、愚かな身にただ念仏の心がおこるのは、諸仏をご縁にした弥陀の本願のおんもよおしによるとの聖人の実感があるからです。

それで、聖人は、「如来所以興出世といぅは、諸仏の世にいでたまうゆえはと、もうすみことなり」（『尊号真像銘文』末「佛」五二七頁・「東」五三一頁）といわれて、釈尊が諸仏のお一人として、この世に出られた意義を、仰がれます。それは、釈尊をスーパーマンとして崇めるのではなく、五十三仏の伝承（『仏説無量寿経』「佛」十一～十三頁・「東」九～十頁）を背景にして、弥陀の本願を説かれた釈尊を、如来、如（まこと）から来た人、と尊ばれるからです。だから、「仏の世にいでたまうゆえは、弥陀の御ちかいの真実をときて、よろずの衆生をたすけ、すくわんとおぼしめすとしるべし」（『尊号真像銘文』末「同」）と、弥陀の誓願の真実を説いてよろずの衆生を救う「地上の教主」が釈尊であるとして、「しるべし」と確かめられます。

こうして、「如来、世に興出したまう所以は、唯弥陀本願海を説かんとなり」と、本願を説かれた釈尊出世の意義を、「唯」と「海」の字をもって示されます。「唯」は、「唯は、ただこのことひとつという。ふたつならぶことをきらうことばなり」（『唯信鈔文意』「佛」五五三頁・「東」五四七頁）といわれるように、このこと一つこれ以外にないという深い頷きです。

俵万智さんの詩に「わたしが、いままでついてきたうそなんて、どうでもいい、というような海」というのがあります。海を眺めていると、限りなく今までの自分の気ままな日暮らしが問われてくるとともに、うそのままである自分をまるごと引き受けている世界があることの気

づきを詠われたのでしょう。生まれてこの方、

「うそいった　ことのない人　手をあげて」

といわれて、手をあげられる人がいるでしょうか。もし釈尊の教えを、個人の修行として受け取れば、うそをいうことは妄語ですから、許されるはずはありません。だから、「唯説弥陀本願海といぅは、諸仏の世にいでたまう御本懐は、ひとえに弥陀の願海一乗の法をとかんとなり」（『尊号真像銘文』末「佛」五二七頁・「東」五三一頁）といわれて、釈尊が諸仏としてこの世に出られてただ本願海を説くのは、「願海」としての「一乗」（すべて人を、分けへだてなく一つの車に乗せて救う）の法を説くことにあるといわれます。

聖人は、「海」を仏の智慧と人間の闇の両面に譬えられます。一乗については、一乗海釈（『教行信証』「佛」二二一～二二三頁・「東」一九八頁）があります。海は、どのような川の水も引き受けて一つの味にしますが、夾雑物《きょうざつぶつ》は、波打ち際に打ち上げます。だから、一乗解釈では、どのような人も分けへだてなく救うという一味（転成《てんじょう》・絶対肯定）と、自分の力を当てにする思いあがりをそのままにしておかない（不宿《ふしゅく》・絶対否定）という、二つのはたらきがあることを海に譬えて、南無阿弥陀仏の徳を讃えられます。

五つの濁り

五濁《ごじょく》悪時《あくじ》群生《ぐんじょう》海《かい》
応信《おうしん》如来《にょらい》如実《にょじつ》言《ごん》

五濁悪時《ごじょくあくじ》の群生海《ぐんじょうかい》、
如来如実《にょらいにょじつ》の言《みこと》を信《しん》ずべし。

親鸞聖人は、釈尊の教え（『仏説無量寿経』『阿弥陀経』）をいただかれて、時代を「五濁悪時」（五つの濁りのある悪い時代）と受けとめられました。だから、五濁は釈尊の時代も聖人の時代もあった世相です。五濁とは、よごれて真実が見えなくなる状態のことで、『阿弥陀経』に「劫濁《こうじょく》、見濁《けんじょく》、煩悩濁《ぼんのうじょく》、衆生濁《しゅじょうじょく》、命濁《みょうじょく》」（「佛」一五二頁・「東」一三三頁）と説かれる五つの濁りです。この濁りは、歴史社会と人の間に生きながら、間を忘れて、自分中心に生きようとするところにおこりますから、いつの時代も五濁になり悪時なのです。
「劫濁」の「劫」は、「時代」のことですから、「劫濁」は、「時代の汚れ」のことです。人間に移る病原菌が見つかると、わたしたちの命になってきた、牛や豚を何十万頭と殺す、鶏も何十万羽も殺して土に埋める。そして、世界では、テロや争いがどこかでおきている。また、安全だと思っていた事柄が、突然不安状態に陥り、恐怖にまでなるような時代は、劫濁といっていいのでしょう。

「見濁」の「見」は、「見解」のことですから、わたしたちの考え方や思想の濁りのことです。それは、自分の意見を正当化し、他人を、自分の都合で、いい人・悪い人と見ていくことをいうのでしょう。お正月の川柳に、

「お年玉　だけは受け取る　反抗期」
「お年玉　もらった途端に　帰る孫」
「お年玉　すぐにあげない　帰るから」

というのがありました。自分の見解を、先に立てて関わり合っているのは、大人も子どもも同じであって、それが、濁りと見えていないのが、わたしたちの生活です。

「煩悩濁」は、煩悩による汚れですから、欲望や憎しみ、そして何でも見知っているつもりで、自分自身を濁して家族のおかげまで忘れ、

「我が家では　暖かいのは　便座だけ」

と思い込み、

「長生きを　嘆くななれぬ　人もいる」

と、愚痴の状態にしていくことでしょう。

「衆生濁」は、衆生の汚れですから、まごころを失い、自分が楽することだけを考えて、身も心もともに、不健康になることでしょう。心身が不健康になると、

「あのケチが　カニ缶持って　きた不吉」

と、いただいたものまで素直に受け取れません。そして、

「苦労して　苦労知らずの　子を育て」

ているのが、わたしたちの実情ではないでしょうか。

「命濁」は、命の汚れのことですが、それは自分や他人の生命が軽んじられることで、寿命が短くなるというよりも、精神の豊かさがなくなっていくことを意味しているのでしょう。ここ十数年、三万人を超える自死する人の多さや、大腸菌の細胞一つ作れない人間が人命よりも経済を優先して原発の再稼働をすることなどが、思い合わされます。

五つの濁りの内容は、重なる部分もありますが、五つとも濁りですから、真水も濁ると底が見えにくくなるように、本当のことが、ぼんやりして、見えていないのです。だから、五濁悪時から、脱出する道を自分の内や外に求めても見つかりません。さらに、聖人は、この五濁のわたしは、「群生海」、群がりながら底なしの海のように生きているといわれます。

群生海としてしか生きられない者は、「本願海」（前項「ただ一つのこと」参照）に出遇う道しかありません。それで、「如来如実の言を信ずべし」と、釈尊の教えをわたしの事実と救いを正確にいいあてた「如実の言」まことの言葉と信受し、南無阿弥陀仏の願心にふれて、忘れていた本当の自分、人間を取り戻せといわれるのです。

すべてを妄念と思い知らせる

能《のう》発《ほつ》一《いち》念《ねん》喜《き》愛《あい》心《しん》　能《よ》く一念喜愛《いちねんきあい》の心《しん》を発《ほっ》すれば、
不《ふ》断《だん》煩《ぼん》悩《のう》得《とく》涅《ね》槃《はん》　煩悩《ぼんのう》を断《だん》ぜずして涅槃《ねはん》を得《う》。

前項の「五濁悪時の群生海、如来如実の言を信ずべし」を受けて「能く一念喜愛の心を発すれば、煩悩を断ぜずして涅槃を得」といわれます。

ここにいう「一念喜愛の心」は、自分の思いを念じ続けて一念がかない、シメタというようなひとりよがりの喜びでもなければ、一念を実行して煩悩をコントロールし、ヤッタというような傲慢の喜びでもありません。そうした一念の喜びへの誤解が、「如来如実の言」に出遇って、根底からくつがえされた喜びが「一念喜愛の心」です。「一念喜愛の心」は、自分の思いにピリオドをうって、今ここにある事実に生きよという教え、本願にふれた心です。それで、親鸞聖人は、「能発一念喜愛心というは、一念慶喜《きょうき》の真実信心よく発すれば、かならず本願の実報土《じっほうど》にうまるとしるべし」（『尊号真像銘文』末「佛」五二七頁・「東」五三一頁）といわれます。つまり、「一念喜愛の心」は、「よく発」する信心、聞法をご縁にして南無阿弥陀仏するわたしに発《お》こってくる心であって、わたしが発こす心ではありません。一念は、発こるはずのないわたしに発こった心であるからこそ、喜びの心になるのです。

それで、一念喜愛の心が発これば、「煩悩を断ぜずして涅槃を得」といわれます。煩悩とは、「煩は、身をわずらわす。悩は、こころをなやます」（『唯信鈔文意』「佛」五六〇頁・「東」五五二〜五五三頁）心のはたらきです。煩悩の代表は、貪欲（都合のよいものは欲し）、瞋恚（都合の悪いものは憎み）・愚痴（いつも愚かで道理に無知である）の三つで、三毒の煩悩ともいわれます。

「心の中　見せれば逮捕　されそうで」

というような三毒の心で、善し悪しや損得をいい、自分のいったことに自分が縛られて、苦しみを増幅しているのが、わたしの生活です。

それに対して、涅槃とは、迷いのもとである煩悩がすべて寂滅《じゃくめつ》した静かな覚りの世界です。だから、煩悩を断ぜずして涅槃を得るというのは、全く矛盾している事柄です。にもかかわらず、あえてここに煩悩を断ぜずして涅槃を得るといわれるのは、煩悩に対する自覚の深さにあります。聖人は、お手紙の中で、「煩悩具足の身」（『親鸞聖人消息集』上「佛」七一八頁・『御消息集』「広本」「東」五六一頁)、「凡夫はもとより煩悩具足したるがゆえに、わるきものとおもうべし」(『親鸞聖人消息集』上「佛」七二一頁・『親鸞聖人血脈文集』「東」五九四頁)と、いわれたくないことを当然のようにいわれますが、これが赤裸々なわたしの姿でありましょう。

以前、念仏者浅原才市《あさはらさいち》さんの家とご縁のあるお寺を訪ねたことがあります。そこには、才市さんが、肩衣《かたぎぬ》をかけて正座し合掌している姿の軸が掛けてありました。ところが驚いたことには、その才市さんの肖像画の頭に、二本の角が画いてありました。それは、念仏することが、決して角がなくなることではなくして、角のあることを見いだすこと、それが念仏者の実相《じっそう》であることを、教えておりました。

横川の源信僧都《げんしんそうず》は、「妄念はもとより凡夫の地体なり。妄念の外に別の心もなきなり」(『横川法語』「佛」八八三頁・「東」九六一頁)といわれます。すべてを妄念と思い知らせるのが、如実の言のはたらきであって、涅槃に至る道であります。煩悩のただ中にあって、静かな世界へ帰る道をいただく、それが南無阿弥陀仏の一念です。その頭のあげようのない一念喜愛の心に、すべての依頼心と力み心が解放されます。この一念に、依頼心と力み心が照破《しょうは》されるから、見せかけの幸不幸に縛られることなく、与えられた人生を完全燃焼していく生活、本願に生きようとする生活、涅槃に至るべき分にさだまった生活が与えられると喜ばれるのです。

救いようのない者を救う

凡《ぼん》聖《しょう》逆《ぎゃく》謗《ほう》斉《さい》回《え》入《にゅう》
如《にょ》衆《しゅう》水《しい》入《にゅう》海《かい》一《いち》味《み》

凡聖《ぼんしょう》、逆謗《ぎゃくほう》、斉《ひと》しく回入《えにゅう》すれば、
衆水《しゅすい》、海《うみ》に入《い》りて一味《いちみ》なるが如《ごと》し。

ここにいう「凡聖」は、「欲もおおく、いかり、はらだち、そねみ、ねたむこころ」（『一念多念文意』「佛」五四八頁・「東」五四五頁）のままに迷走する「凡夫《ぼんぶ》」と、そうしたこころを覚った徳のある「聖者《せいじゃ》」のことです。しかし、聖者といっても、善導大師によれば、ご縁が違うだけで、凡夫なのだといいわれます。また「逆謗」というのは、人の道にはずれて仏道に逆らう「五逆《ごぎゃく》」の人と、仏法を謗る「謗法《ほうぼう》」の人のことです。五逆は、父を殺す、母を殺す、修行者を殺す、仏身を傷つける、教団を破壊するの五つですが、身でする殺生・偸盗・邪婬、口でする妄語・綺語・悪口・両舌、心で思う貪欲・瞋恚・愚痴の十悪を入れることもあります。

いずれにしても、

「サングラス　実は心に　かけてるの」

という自分を省みれば、凡夫であると思っている自分に、五逆である姿が教えられます。そしてそのことに気づいても、欲をおこし腹を立てるのは、凡夫だから仕方がない、それは聖人も先生も同じだと人をまきこんですませていくのは、自分の本心に背いているのであって、その姿勢は謗法の者と教えられるのであります。若い頃、「君らは、箸にも棒にもかからん者といっても、箸にはかからんが棒にはかかると思っているだろう。だから仏法が聞こえないのだ」と教えられたことが思い合わされます。

そのようなわたしが「凡・聖・逆・謗」の区別なく本願に遇うことを、「斉回入」といわれます。それは、自分の思いにこだわり続ける五逆謗法のわたしが教えられた、回心の出遇いです。バンザイするほかなしというところまでおいこまれて、自分中心のこころをひるがえすのを「回入」、回心して教えに帰入《きにゅう》するといわれます。

「酒代を　とやかく言うな　化粧代」

と自己肯定と自己弁護にあけくれるわたしに回入のご縁をいただくのは、阿弥陀仏の本願（第十八願）とその本願成就の文に、「唯五逆と誹謗正法とを除く」、つまり五逆と誹謗の者は救えないといわれるからであります。それは、「除く」とまでいってわたしのあり方を知らしめ、回入せしめようという本願のまごころなのです。

だから、親鸞聖人は、「唯除《ゆいじょ》はただのぞくということばなり。五逆のつみびとをきらい、謗法のおもきとがをしらせんとなり。このふたつのつみのおもきことをしめして、十方一切の衆生みなもれず往生すべしとしらせんとなり」（『尊号真像銘文』本「佛」五〇二頁・「東」五一三頁）といわれます。つまり、五逆謗法の者と知らせて、翻えさせるのが本願の大悲心であって、五逆や謗法を除かないためなのです。「五逆のつみびとをきらい、謗法のおもきとがをしらせ」ることが、そのまま「十方一切の衆生みなもれず往生すべし」と知らせる、救いようのない者を救う、本願の叫びであったのです。

それで、阿弥陀仏の本願に値遇《ちぐう》すれば、みなもれず往生することを譬えて、「衆水、海に入りて一味なるが如し」といわれます。それは、どのようにきれいな川の水であろうと、汚れきった水であろうと、紆余曲折をしてきた流れであろうと、海に入ればみな同じ塩味になるように、人はみな海のような一味平等の本願のおこころに救われるのです。

本願にふれて、氷のようにつめたいかたくなな自分に出遇う、そのひるがえりに開けるのが、凡夫も聖者も五逆者も謗法者も区別のない、同じ仏弟子の世界であります。海のような本願は、あらゆる人をみな兄弟として、御同朋《おんどうぼう》、御同行《おんどうぎょう》、御坊《おんぼう》と拝み、受け取っていける法の世界を開いてくださるのです。

逃げるわたしを照らして護る

摂《せっ》取《しゅ》心《しん》光《こう》常《じょう》照《しょう》護《ご》　摂取《せっしゅ》の心光《しんこう》、常《つね》に照護《しょうご》したまう。

　ここにいう「摂取」は、阿弥陀仏がわたしたちを摂《おさ》め取って、救ってくださることです。摂め取って救ってくださるというと、すぐ理想がかなうことだと思いますが、わたしの理想がかなえば、周囲に困る人が増えるだけです。それで、「摂取」は、「心光」、阿弥陀仏の大慈悲心《だいじひしん》の光、智慧によって救われるといわれます。仏の明るい智慧の光は、自分中心の暗いわたしには見えませんが、人はみな「摂取の心光」のなかにあるといわれます。だから、摂取の光の中にある今を感じて満足すればいいのですが、今の自分をいただけないから、不満と不安の連続になります。

　それで、親鸞聖人は、

十方微塵世界《じっぽうみじんせかい》の
　念仏の衆生をみそなわし
　摂取してすてざれば
　阿弥陀となづけたてまつる
（『浄土和讃』「佛」五九五頁・「東」四八六頁）

と、すべての世界は阿弥陀仏の光のうちに摂め取って捨てないから、お念仏をいただけば、そのかたじけなさを身いっぱいに感得することができるといわれます。ところが、聖人は、このご和讃の摂取の左訓で、「摂はもの丶にぐるを追わえ取るなり」（「集」五八頁）といわれます。つまり、摂取の心光は、阿弥陀仏の摂取におまかせをするわたしを照らすという話ではなく、摂取の中にある事実に目を背けて、そこから逃げるようにしているわたしを見いだすところに輝くといわれます。

そして、その心光のはたらきは、「常照」、常に照らしているだけでなく、「護」、いつも護っていてくださるといわれます。阿弥陀仏の摂取の心光の常照護は、逃げるわたしを照らして護るのですから、わたしの欲心を護るのではありません。若く見え、健康になることを望んでも、

「何を塗り　何を飲んでも　年は取る」

というように、道理を曲げて護られることはありません。親しい人であっても、病気見舞いに行けば、

「病室に　嘘とメロンを　置いてくる」

のが、わたしであります。このような、自分に気づかない愚かさを、常にまるごと照らし破って、護ってくださるのです。

だから、『現世利益和讃』には、

「念仏のひとをまもるなり」

「真実信心をまもるなり」

（「佛」六〇一頁・「東」四八八頁）

といわれます。天地の恵みまでも忘れて都合頼みをして、自分自身からも逃げているわたしが、たまたまお念仏に出遇えたことを護ってくださるのです。聞法を通して、ようやく頷けた賜りたる信心を護ってくださるのです。それで、「まもるというは、異学異見《いがくいけん》のともがらにやぶれず、別解別行《べつげべつぎょう》のものにさえられず」（『一念多念文意』「佛」五三九頁・「東」五三八頁）といわれます。つまり、状況の改善を求めて情報を集めれば事態が好転すると思い、その道を切り開くには努力しかないとする自己過信の誘惑に、もはやさまたげられることはないといわれます。

それで、聖人は「摂取心光常照護」を解説して、「摂取心光常照護というは、信心をえたる人をば無礙光仏の心光、つねにてらしまもりたまうゆえに、無明のやみはれ、生死のながきよ、すでにあかつきになりぬとしるべしとなり。已能雖破無明闇というは、このこころなり。信心をうれば、あかつきになりぬとしるべし」（『尊号真像銘文』末「佛」五二八頁・「東」五三二頁）

といわれます。

「一寸先は闇」をもじって、「一寸先はお悔み」といった人がいます。無明の底に沈んでいることもわからずに、ああなれば善いこうなれば悪いと、生きてきたのではないでしょうか。その迷いのありかたを知らせて根っこから破るのが、わたしの心を内から照らす「摂取心光常照護」であるといわれるのです。

信心の中に煩悩の姿がみえてくる

已《い》能《のう》雖《すい》破《は》無《む》明《みょう》闇《あん》
貪《とん》愛《ない》瞋《しん》憎《ぞう》之《し》雲《うん》霧《む》
常《じょう》覆《ふ》真《しん》実《じつ》信《しん》心《じん》天《てん》
譬《ひ》如《にょ》日《にっ》光《こう》覆《ふ》雲《うん》霧《む》
雲《うん》霧《む》之《し》下《げ》明《みょう》無《む》闇《あん》

已《すで》に能《よ》く無明《むみょう》の闇《あん》を破《は》すと雖《いえど》も、
貪愛《とんない》、瞋憎《しんぞう》の雲霧《うんむ》、
常《つね》に真実信心《しんじつしんじん》の天《てん》に覆《おお》えり。
譬《たと》えば、日光《にっこう》の雲霧《うんむ》に覆《おお》わるれども、
雲霧《うんむ》の下《した》、明《あき》らかにして闇《くら》きこと無《な》きが如《ごと》し。

親鸞聖人は、仏の光に照らされた人は「無明のやみはれ、生死のながきよ、すでにあかつきになりぬとしるべしとなり。已能雖破無明闇というは、このこころなり。信心をうれば、あかつきになりぬとしるべし」（『尊号真像銘文』末「佛」五二八頁・「東」五三二頁）といわれます。信心の天」といわれるように、わた常に照護したもう光に出遇ったあかつきの世界は、「真実信心の天」といわれるように、わたしの努力をこえて、賜った信心です。だから、しばらくはまるで世界がかわったように感じ、今までベールがかかっていたように思えた教えが、新鮮さを保って次々とわたしを頷かせ、歩ませます。

しかし、闇が晴れれば、いつも澄みきった青空のような心境が続くのではありません。太陽が出て夜は明けても、雲・霧がおこって曇天の日もあるのです。でもそれは、雲・霧が見えるのですから闇夜ではありません。それで、聖人は、「貪愛瞋憎之雲霧　常覆真実信心天というは、われらが貪愛瞋憎をくもきりにたとえたり。貪愛のくも、瞋憎のきり、つねに信心の天をおおえるなりとしるべし」（『尊号真像銘文』末「佛」五二八頁・「東」五三二頁）といわれます。つまり、煩悩の中に信心があるのではなく、信心の天の中につねに煩悩の姿が見えてくるのです。

だから、親鸞聖人は、ご和讃に、

浄土真宗に帰すれども
　真実の心はありがたし
　虚仮不実のわが身にて
　清浄の心もさらになし
（『愚禿悲歎述懐』「佛」六四三頁・「東」五〇八頁）

と述べられ、また、お弟子の唯円房の「念仏もうしそうらえども、踊躍歓喜《ゆやくかんぎ》のこころおろそかにそうろうこと、またいそぎ浄土へまいりたきこころのそうらわぬはいかにと、そうろうべきことにてそうろうやらん」という質問を受けて、「親鸞もこの不審ありつるに、唯円房おなじこころにてありけり」（『歎異抄』「佛」七九五〜七九六頁・「東」六二九頁）といわれます。

このお言葉は、浄土真宗に帰し、踊躍歓喜のこころがおこった。その「真実信心の天」にふれた念仏道の歩みの中で明らかになった、聖人の懺悔《さんげ》です。懺悔は、反省でも落胆でも悲嗚でもありません。光に照らされてあらわになった、どうしてみようもないわが身への深い悲しみであり、より深く教えにふれた喜びなのです。

だから、このお言葉を引き合いに出して、「親鸞聖人でさえ、真実の心はない、踊りあがるような喜びもなく、いそぎ浄土へまいりたいと思わないともいわれるから、わたしのような凡夫には、ありがたい心などおこるはずはない」と、自分の曖昧な信心のいいわけにすることはできません。また、鈴鹿馬子唄をもじって、「寺は照る照る帰りは曇る、家へ帰れば雨が降る」と、念仏者を批評する人もいます。どれほど寺参りをし聴聞を重ねても帰り道に忘れてしまい、家に着いた時には何の役にもたっていないといいたいのでしょう。しかし、こうした評価も、わたしの求道の姿勢をいいあてたものと受けとめれば、質がちがって励ましにも聞こえてきます。

それで、聖人は、「譬如日光覆雲霧　雲霧之下明無闇というは、日月の、くもきりにおおわるれども、くもきりのしたあきらかなるがごとく、貪愛瞋憎のくもきりに信心はおおわるれども、往生にさわりあるべからずとしるべしとなり」（『尊号真像銘文』末「佛」五二八頁・「東」五三二頁）といわれます。つまり、身を煩わし心を悩ます生活は同じであっても、南無阿弥陀仏の教えに目覚めた信心の人は、欲望やいかりがそのまま聞法の内容になり、往生生活を尽くすご縁になるといわれるのです。

「見て敬う」生活

獲《ぎゃく》信《しん》見《けん》敬《きょう》大《だい》慶《きょう》喜《き》
即《そく》横《おう》超《ちょう》截《ぜつ》五《ご》悪《あく》趣《しゅ》

信《しん》を獲《え》て見《み》て敬《うやま》い大《おお》きに慶喜《きょうき》すれば、
即《すなは》ち横《よこさま》に五悪趣《ごあくしゅ》を超截《ちょうぜつ》す。

「信を獲て」とは、自分中心のあり方が教えられ、阿弥陀仏の願に生きる歩みをいただくことです。それで、信心を獲得すると、如来の徳をいただいて「見て敬う」生活がはじまるといわれます。真宗の門徒が、家族全体のお敬いの場として、ご本尊を安置し、『正信偈』をお勤めしてきたのは、いつも自分をよしとすることの誤りに気づき、お敬いの生活を、身につけようとしてきたからでありましょう。

聖徳太子は、十七条憲法の第二条に、「篤《あつ》く三宝《さんぼう》を敬え。三宝とは仏《ほとけ》、法《のり》、僧《ほうし》なり。即ち四つの生《うまれ》の終帰《おわりのよりどころ》、万《よろず》の国の極宗《きわめのむね》なり」（『十七条憲法』「佛」八九一頁・「東」九六三頁）といわれます。敬いとは、権力や財産や才能を敬うのではありません。また、敬うといって相手を別格にしたり、敬うことで自分の都合のいいように利用するのでもありません。篤く三宝を敬うのは、三宝に帰依することで、いのちよりも尊いよりどころにふれる南無阿弥陀仏のこころです。それで、三宝を敬うことが、万の国の極宗であるといわれます。だから、親鸞聖人は、聖徳太子を「和国の教主」（『皇太子聖徳奉讃』「佛」六四二頁・「東」五〇八頁）とあがめられ、「父のごとく」「母のごとく」（同）と敬われます。

すでに、お釈迦様は、「法を聞きて能く忘れず、見て敬い得て大きに慶べは、則ち我が善き親友《しんう》なり」（『仏説無量寿経』「佛」五七頁・「東」五〇〜五一頁）と、如来の徳をいただいて、見て敬う者は、我が善き親友とまでいわれていました。それで、自分の思いがひるがえされて敬うことのできた感動、この世界に卑しむべきものは何一つなかったという慶びを、「大慶喜」といわれます。

こうして、南無阿弥陀仏において、すべてを友なり師なり仏なりと出遇える大慶喜の人は、足下に「即ち横に五悪趣を超截す」るといわれます。五悪趣とは、地獄（苦しみのもっともひどい状態）・餓鬼（欲に欲をかさね、いつも飢えに渇いている状態）・畜生（恥も外聞もなく本能のままに動いている状態）・人間（自分の見解でいつもものごとをおしはかっている状態）・天上（ひとりよがりの楽しさにいい気になっている状態）の五つの迷いの世界のことです。受験地獄・就活地獄と苦しめば、合格・入社して有頂天という天上界へ昇る。旅の恥はかきすてと畜生道顔負けの放蕩によいしれては、餓鬼の心で持ち切れぬほどの土産物まで買いあさり、やはり家が一番気楽で落ちつくと人間界にもどる。こうして、五つの迷いの世界をへめぐって一喜一憂しているのが、わたしたちの日常生活です。

この惨めな行きつもどりつという流転の世界を、「横に超截す」るのが、南無阿弥陀仏に賜わる生活です。横は、親鸞聖人が、「横はよこさまという、如来の願力なり、他力をもうすなり。超はこえてという。生死の大海をやすくよこさまにこえて、無上大涅槃のさとりをひらくなり」（『尊号真像銘文』末「佛」五二八頁・「東」五三二頁）といわれるように、如来のはたらきをあらわします。つまり、流転の世界は、どれほど努力を積み重ねても、断ち切れるものではありません。だから、如来の法が横さまに超えてわたしに響き、すべては幻であると截断されて、夢から覚めるのです。それを、「横に五悪趣を超截す」といわれるのです。太陽が昇れば、闇は去って光は室内に充満します。どこへ向かっても閉ざされていたかたくなな自分中心の心が、教えによって照らされ知らされれば、迷いの世界は自然に閉じ、すべてを善き友とあいみる新しい生活がはじまるのです。この真の人としての歩みを、「獲信見敬大慶喜、即横超截五悪趣」と、讃えられたのです。

聞信の道

一《いっ》切《さい》善《ぜん》悪《まく》凡《ぼん》夫《ぶ》人《にん》
聞《もん》信《しん》如《にょ》来《らい》弘《ぐ》誓《ぜい》願《がん》
仏《ぶつ》言《ごん》広《こう》大《だい》勝《しょう》解《げ》者《しゃ》
是《ぜ》人《にん》名《みょう》分《ふん》陀《だ》利《り》華《け》

一切善悪《いっさいぜんあく》の凡夫人《ぼんぶにん》、
如来《にょらい》の弘誓願《ぐぜいがん》を聞信《もんしん》すれば、
仏《ぶつ》、広大勝解《こうだいしょうげ》の者《ひと》と言《のたま》えり。
是《こ》の人《ひと》を分陀利華《ふんだりけ》と名《な》づく。

「凡夫人」は「凡夫」のことです。凡夫というと善人も悪人もいるように思いますが、仏の平等の慈悲から見れば、共に凡夫なのです。つまり、仏の慈悲は、善人の誇り、悪人の卑下を突破して、ただびとという裸の凡夫に響くのです。それで、親鸞聖人は、「一切善悪の凡夫人」といわれるのです。この凡夫に開かれた教えが、「如来の弘誓願を聞信す」る道であります。

真宗の教えは、聞信の道といわれます。「真宗の修行は、一生の聞法である」（正親含英《おおぎがんえい》先生）

といわれた先生もいます。聞信は、世間のひまをかきて、何度も足を運び、繰り返し繰り返し、我が身を省みながら教えに親しむことであります。若い時から聞法を重ねた九十歳のおじいさんが、「わたしは、お寺の隣に住まわしてもらったおかげで、法座には欠かさず参ったつもりだが、それでも聞法の正味の時間をたして二十四時間で割ると、三ヵ月あまりだ、九十年の生涯からみれば、ごくわずかなものだ」と話されました。聴聞の時間のみをいえば、もっと法座の多い土地もありますし、遠くまで出かけて聞法される人もいます。しかし、あの先生の話は聞く、この先生の話は聞かないと、いつのまにか聞法を聞話にして、自分の深い心に出遇うことを、おろそかにしているのではないでしょうか。

親鸞聖人は、聞について、「聞《もん》と言うは、衆生、仏願の生起本末《しょうきほんまつ》を聞きて疑心有ること無し」(『教行信証』「佛」二六〇頁・「東」二四〇頁)といわれ、また「きくというは、本願をきてうたがうこころなきを聞というなり。またきくというは、信心をあらわす御《み》のりなり」(『一念多念文意』「佛」五三四頁・「東」五三四頁)といわれます。聞くとは、老少・善悪・貴賤をえらばぬ、本願のいわれをたずねて、我が身の姿を聞くのです。一人静かに眠る時にも名声・財産・衣裳にうつつをぬかし、目を開けては善悪を論じているような、わが独断と偏見の無知を聞きぬくのです。

無知を無知と知る、これほどの智慧はありません。だから、その人を「仏、広大勝解の者と言えり」と、讃えられるのです。無知の者が、自ら「広大勝解の者」と名のることはありません。「仏言」すなわち、お釈迦さまが、同志を得たと褒め讃えてくださるのです。このほめことばが、「勝解者」すなわち勝れたよき理解者といわれるところに、聞信の内容が、狂信や盲信や依頼心でないことがわかります。

こうして仏言に頷く勝解の人は、「是の人を分陀利華と名づく」と、白蓮華（分陀利華）と讃えられるのです。もちろん、咲き乱れる蓮華の花には、大小があり、色あいのちがいがあります。しかし、ともに泥沼に根をはり光を受けて芳香ある清浄無垢な花を咲かすことにおいては、どの花もみな同じであります。大きい花は大きいままに、小さい花は小さいままに己が分を尽し、白は白く紅は紅くそれぞれの個性を全うじて、平等に咲きほこるのです。人は、その花を見て喜び、その香を聞いて、また同朋たらんと歩み出すのです。

まことに、蓮華は、中国の善導大師が、「若し能く相続して念仏する者、此の人甚だ希有なりと為《す》。更に物として以て之に方《たくら》ぶべきこと無きことを明かす。故に芬陀利を引きて喩と為《す》」（『教行信証』「佛」二六八〜二六九頁・「東」二四八頁）といわれるように、個性の輝きでた独立者の希有な生き方、念仏者の生活を讃えるシンボルフラワーなのです。

南無の初一念に立つ

弥《み》陀《だ》仏《ぶ》本《ほん》願《がん》念《ねん》仏《ぶ》
邪《じゃ》見《けん》憍《きょう》慢《まん》悪《あく》衆《しゅ》生《じょう》
信《しん》楽《ぎょう》受《じゅ》持《じ》甚《じん》以《に》難《なん》
難《なん》中《ちゅう》之《し》難《なん》無《む》過《か》斯《し》

弥陀仏《みだぶつ》の本願念仏《ほんがんねんぶつ》は、
邪見憍慢《じゃけんきょうまん》の悪衆生《あくしゅじょう》、
信楽受持《しんぎょうじゅじ》すること、甚《はなは》だ以《もっ》て難《かた》し。
難《なん》の中《なか》の難《かた》きこと、斯《こ》れに過《す》ぎたるは無《な》し。

電車の中で、通路を走りまわっている幼児がいた。揺れたはずみで、ひじかけで頭を打ち大声で泣いた。お母さんが、「ここで打ったの。よしよし、ペンしてあげる」といって、ひじあてを二三度軽くたたいたら、幼児はすぐ泣きやんだ。くつろげるように取り付けられたひじあては、いい迷惑であろう。物事を正しく見つめず、都合の悪いことは他のせいにして、自分を是としていくような邪見になったのは、いつの頃からであろう。わたしたちは、日頃社会や他人について、多少の誤解はあっても、ほぼ正しく見ていると思っています。しかし、見る眼がわたしの主観にもとづく限り、必ず何らかの色メガネをかけて見ているのではないでしょうか。だから、親鸞聖人は、弥陀仏の本願にふれて「煩悩具足《ぼんのうぐそく》の衆生は、もとより真実の心なし、清浄の心なし。濁悪邪見《じょくあくじゃけん》のゆえなり」（『尊号真像銘文』本「佛」五〇一頁・「東」五一二頁）と、正直に自分を見つめ、そのあり方に決着をつけられます。

憍慢《きょうまん》は、おごりたかぶる心、他を軽ろしめあなどる心です。わたしたちは、人並みの道徳感情は持ちあわせているといいますが、子どもが生まれるのを作るといい、その子を育てるのに楽して育てようとしてきた者に、まことの心があるといえるのでしょうか。道徳が守れると思うところに、すでに自分は善人でありうるという、うぬぼれがあります。親鸞聖人は、「さるべき業縁《ごうえん》のもよおせば、いかなるふるまいもすべし」（『歎異抄』「佛」八〇二頁・「東」六三四頁）といわれます。わたしたちは、このつつみかくしのない生きざまに目をつむって、いつまで自己を善とし他を悪とする、悪人さがし善人ごっこを続けていくのでしょうか。

知識を持てば持った知識に執着し、道徳を実行すればできるという誇りがついて回る。こうして知識と道徳に執《とら》われて、ますます迷いを深めて自分を見失っていくものを「悪衆生」といいます。弥陀仏の本願は、わずかな聞法で教えを理解しようとし、善い行いで救われようとするわたしに、「汝こそ邪見憍慢《じゃけんきょうまん》の悪衆生ではないか」と、そのこざかしさを捨てよ、頑張るその手を離せ、と呼びかけるのです。悪衆生とは、阿弥陀仏の眼に写った、しぶとく自己肯定する人間の別名です。だから、中国の曇鸞大師が「夫《それ》非常の言《ことば》は常人の耳に入らず」（『教行信証』「佛」三〇四頁・「東」二八七頁）といわれるように、常識に閉じこもっている悪衆生には、弥陀の本願は容易に響かないのです。

それで、この悪衆生について「信楽を受持すること、甚だ以て難し。難の中の難きこと、斯れに過ぎたるは無し」といわれます。ここで難の中の難といわれるのは、教えが難かしいとか、信ずることができないというのではありません。わたしが信ずることができると思っている罪、その懺悔すらないことを、告発しているのです。それで、悪衆生のわたしであるという気づきも、いただいたものであったと、頷くことが難かしいといわれるのです。

こうして、「弥陀仏の本願念仏」は、人間の闇・はからいを破って、つねに南無の初一念《しょいちねん》に立たしめます。弥陀仏の本願にふれて、わたしが悪衆生であったと目覚めてみれば、その出遇いの感動は、千歳一遇《せんざいいちぐう》です。親鸞聖人が「遇い難くして今遇うことを得たり、聞き難くして已に聞くことを得たり」（『教行信証』「佛」一七六頁・「東」一五〇頁）といわれるように、弥陀仏の本願念仏は、難信《なんしん》とまで示して悪衆生を救わんとする獲信《ぎゃくしん》の今の励ましであったのです。

Ⅱ 念仏の歴史

——七高僧

本願に出遇った人々

印《いん》度《ど》西《さい》天《てん》之《し》論《ろん》家《げ》
中《ちゅう》夏《か》日《にち》域《いき》之《し》高《こう》僧《そう》
顕《けん》大《だい》聖《しょう》興《こう》世《せ》正《しょう》意《い》
明《みょう》如《にょ》来《らい》本《ほん》誓《ぜい》応《おう》機《き》

印度《いんど》、西天《さいてん》の論家《ろんげ》、
中夏《ちゅうか》、日域《にちいき》の高僧《こうそう》、
大聖興世《だいしょうこうせ》の正意《しょうい》を顕《あらわ》し、
如来《にょらい》の本誓《ほんぜい》、機《き》に応《おう》ぜることを明《あ》かす。

正信偈の前半は、自分で弥陀仏の本願念仏が信じられると思う限り難信であると示して、邪見憍慢の悪衆生のかたくなな執着心から解放されて、本願念仏がいただけるように結ばれました。そして、今回からの後半では、難信をくぐって南無阿弥陀仏の教えが民衆の現実に根ずいて、伝えられてきたことの尊さを、代表者の名前をあげて讃えられます。

親鸞聖人は、法然上人のおおせによって、弥陀仏の本願念仏に遇われました。法然上人に出遇ったら、「弥陀の本願まことにおわしまさば、釈尊の説教、虚言なるべからず。仏説まことにおわしまさば、善導の御釈、虚言したまうべからず。善導の御釈まことならば、法然のおおせ、そらごとならんや。法然のおおせ、まことならば、親鸞がもうすむね、またもってむなしかるべからずそうろうか」（『歎異抄』「佛」七九二頁・「東」六二七頁）といわれるように、法然上人の前にも本願に出遇われた、よき人々の歴史がありました。

本願は、人を目覚めさせ、目覚めた人の生活を通して伝えられます。後半はその伝承をさかのぼって、印度から時代順に高僧の説を述べられて「唯可信斯高僧説（唯斯の高僧の説を信ずべしと）」と終わります。それで、「印度、西天の論家」の「印度」は、インドのことで、「西天」は、中国より西方にあたる天竺（インド）のことです。「論家」は、「論書」を著した方で、智慧深き印度の龍樹菩薩と天親（世親）菩薩の二菩薩です。「中夏、日域の高僧」の「中夏」は、中国のことで、「夏」は、盛んという自分の国を誇る言葉で、「日域」は、日本のことです。「高僧」は、徳高き中国の曇鸞大師・道綽禅師・善導大師のお三方と、日本の源信僧都・源空（法然）上人のお二人です。

親鸞聖人は、この七人の菩薩や高僧方が、「大聖興世の正意」を顕らかにしたといわれます。つまり、お釈迦様（大聖）が、この世に出られた（興世）意味は、『仏説無量寿経』の精神である如来の本願念仏をいただいて、弘めてくださったことにあるといわれます。なかでも、龍樹菩薩・天親菩薩・曇鸞大師は、すべての人々（凡夫・群萠）を救う教えは、本願の念仏のみであるといわれました。また、道綽禅師・善導大師・源信僧都、源空上人は、縁によって何をするかわからない身の助かる法は、本願念仏の道のみといわれます。

それで、「如来の本誓、機に応ぜることを明かす」といわれます。この「如来」は、阿弥陀仏のことで、「本誓」は、いつ（いま）でも、どこ（ここ）でも、だれ（わたし）でも、平等に救いたいと願われた、阿弥陀仏の本願です。そして、その願いが成就しなければ、仏にはならないと誓われたので、「本誓」といいます。その本誓に応答するのが「機」です。機は、それぞれの業縁を生きる現実の人間のことですが、思い通りに生きられないご縁をいただいて、かすかなこころでも教えに関わろうとする人間のことをいいます。教えは、聞こうとする人を待ってはたらきます。阿弥陀仏の本誓は、「邪見憍慢の悪衆生」でしかない身にも応じて、南無阿弥陀仏と頷かせ、感動させてくださるのです。

こうして、「如来の本誓」に、修行に耐えられない民衆とともに身をもって聞き、浄土を願い、書物を著して、独自の領解《りょうげ》を示してくださったのが、七人の高僧方のお念仏の伝承であります。

龍樹菩薩

——印度

釈《しゃ》迦《か》如《にょ》来《らい》楞《りょう》伽《が》山《せん》
為《い》衆《しゅう》告《ごう》命《みょう》南《なん》天《てん》竺《じく》
龍《りゅう》樹《じゅ》大《だい》士《じ》出《しゅっ》於《と》世《せ》
悉《しつ》能《のう》摧《ざい》破《は》有《う》無《む》見《けん》

釈迦如来《しゃかにょらい》、楞伽山《りょうがせん》にして、
衆《しゅう》の為《ため》に告命《ごうみょう》したまわく、南天竺《なんてんじく》に
龍樹大士《りゅうじゅだいじ》世《よ》に出《い》でて、
悉《ことごと》く能《よ》く有無《うむ》の見《けん》を摧破《さいは》せん。

お念仏を伝承してくださった七人の高僧の最初は、印度の龍樹《りゅうじゅ》菩薩（一五〇～二五〇頃南印度で活躍された方・現在の南印度にはナーガールジュナ・コンダ「龍樹の丘」がある）です。三十五歳で真実に目覚められたお釈迦様は、八十歳までそのお覚りを多くの人々に伝え、導かれました。しかし、入滅されて百年ほどすると、お弟子たちのグループは、大きく二つに分かれ、さらにいくつかに分かれて、専門的になって、やがて民衆の救いからはなれていきました。そのような時に、龍樹大士が出られて、お釈迦様の「縁起《えんぎ》」の道理に立って自分から発想する偏った立場を否定し、すべての人が救われる大乗仏教の精神（中道実相）を明らかにされました。

ここにいわれる「釈迦如来、楞伽山にして、衆の為に告命したまわく、南天竺に龍樹大士世に出でて、悉く能く有無の見を摧破せん」は、『入楞伽経』にある、「南印度に大徳の比丘、龍樹菩薩が出られて、有無の見を破る」という、お釈迦様の予言通りに書かれたものです。親鸞聖人は、予言を信じられたのかといわれそうですが、ご和讃にも、

南天竺に比丘あらん
龍樹菩薩となづくべし
有無の邪見を破すべしと
世尊はかねてときたまう

（「佛」六〇三頁・「東」四八九頁）

と、大事に讃えられます。それは、お釈迦様の覚りが真実であり真理であるかぎり、一時形式化されても、必ずよき理解者が現れ真意を間違いなく引き継いで再興するとのお釈迦様の確信に、聖人が感動されたからでありましょう。このお釈迦様の願いに応じてくださったのが、龍樹菩薩であったのです。

人は、自分の意見や立場にこだわって生活しています。ここの「有無の見」は、我や法が有ると執着し、また反対に我も法も無いと執着することで、「有無の邪見」ともいわれます。『仏

説無量寿経』には、「田《た》有れば田を憂え、宅《たく》有れば宅を憂え」「田無ければ、亦憂えて田有らんと欲う。宅無ければ、亦憂えて宅有らんと欲う」（「佛」六六頁・「東」五八頁）とあります。健康に執着すれば、病気であることが憂いになります。早く回復しようと入院すれば、彼が見舞いに来ないといい、見舞いに来れば、

「やな予感　彼がわざわざ　来る見舞い」

と思う。有無に執着すれば、有ることも無いことも自分を縛り、自分を疲れさせる原因となります。

仏教は、無我《むが》を教えますが、それはなにもないというのではありません。「わが」という邪見の「我」はないが、因縁として、縁起としての「我」はあるといいます。因縁としてあるのは、今ある自分があらゆる関係性においてある事実を、あるがままにいただくことです。あるがままにいただけば、

「差別など　誰にもしない　大自然」

といわれるように、比較ばかりして有無に執着する自分が教えられます。

「悉く能く有無の見を摧破せん」とは、「有無同く然《しか》り」（『仏説無量寿経』「佛」六六頁・「東」五八頁）という道理に応えて、人間の執着心の深さを破った龍樹菩薩への讃嘆です。われらは、素直に「有無同く然り」と頷けません。それで、親鸞聖人は、

解脱の光輪きわもなし
光触《こうそく》かぶるものはみな
有無をはなるとのべたまう
平等覚《びょうどうかく》に帰命せよ

（『浄土和讃』「佛」五八一頁・「東」四七九頁）

と和讃されます。有無に執着する心は、なくなりませんが、有無に執着しずめの自分であったと、頭の下がることがあります。それは、阿弥陀仏の本願を聞いてお念仏する、その光に触れて「有無をはなる」恵みをいただくからだと讃えられます。

念仏は楽しい道

宣説《せんぜつ》大乗《だいじょう》無上《むじょう》法《ほう》
証《しょう》歓喜《かんぎ》地《じ》生《しょう》安楽《あんらく》
顕示《けんじ》難行《なんぎょう》陸路《ろくろ》苦《く》
信楽《しんぎょう》易行《いぎょう》水《しい》道《どう》楽《らく》

大乗無上《だいじょうむじょう》の法《ほう》を宣説《せんぜつ》し、
歓喜地《かんぎじ》を証《しょう》して、安楽《あんらく》に生《しょう》ぜんと。
難行《なんぎょう》の陸路《ろくろ》、苦《くる》しきことを顕示《けんじ》して、
易行《いぎょう》の水道《すいどう》、楽《たの》しきことを信楽《しんぎょう》せしむ。

お釈迦さまは、すべての人が、苦悩は自分の欲望によるという道理に目覚めて、安らかに生きることを願われました。「大乗無上の法を宣説し、歓喜地を証して、安楽に生ぜんと」とは、前項に続いてお釈迦さまの願いの通り生きられた龍樹菩薩への親鸞聖人の讃嘆です。わたしたちの日常は、「おのれよければ、すべてよし」にどっぷり漬かって生活しています。それに対して「大乗」は、あらゆる人と一緒になる「大きな乗り物」ですから、「みんなよければ、おのれよし」という生き方をあらわします。このみんなとともに救われていく大乗の智慧に出遇った感動を「歓喜地《かんぎじ》」といいます。

「歓喜地」は、その智慧に触れた歓びですから、自分の思いが叶った歓びではありません。「おのれよければ、すべてよし」という思いが根っこから引き抜かれて、「みんなよければ、おのれよし」と、事実をそのままに受け取れた初めての歓びです。仏教では、完全な覚りに到る修行を、五十二段に分けて教えます。その修行の中で、四十一段目に開かれる無分別の境地を歓喜地といいます。それは、おのれを先にして、他を縛り自分を縛ってきた分別から解放されて、もはや退くことのない歩みをいただいた歓びです。

この龍樹菩薩のお覚りの歓びを、聖人は、

本師龍樹菩薩は
　大乗無上の法をとき
　歓喜地を証してぞ
　ひとえに念仏すすめける
（『高僧和讃』）「佛」六〇三頁・「東」四九〇頁）

と讃えられます。すなわち龍樹菩薩が、「大乗無上の法」を明らかにし「歓喜地を証」されたことの意義は、ひとえに「念仏」を勧められたことにあるといわれます。

そのお念仏は、龍樹菩薩が、世間の道に譬えて「陸道《ろくどう》の歩行《ぶぎょう》は則ち苦しく、水道の乗船は則ち楽しきが如し」(『教行信証』「佛」一八九頁・「東」一六五頁)といわれるように、船に乗せられていく楽しい道であります。しかし、楽しい道は、すぐ見つかったわけではありません。龍樹菩薩は、仏道は不惜身命《ふしゃくしんみょう》の道であるから、安易な道を求めることは、「大人志幹《だいにんしかん》の説(道を求める意志の強い大人のいうこと)」ではないと否定し、幾たびも弱虫になる自分を叱咤激励しておられます。

そうした龍樹菩薩の血のにじむご苦労を、聖人は、「難行の陸路、苦しきことを顕示して」といただかれます。すなわち、一人一人が自分の力で目覚めようとする歩みは、山や谷の多い「難行」であるだけでなく、「陸路」の「苦」であると、身を以て顕らかに示してくださったというのです。さらに、聖人は、「路は則ち是、二乗、三乗、万善諸行《まんぜんしょぎょう》の小路《しょうろ》也」(『教行信証』「佛」二五四頁・「東」二三四〜二三五頁)といわれて、「陸路」はいずれ行き止まりになるような、小路であるとまで頷いていかれます。

この「難行の陸路」の「苦」の顕示に、聞こえてきたのが、「易行の水道、楽しきことを信楽せしむ」という易行の水道(お念仏)の道であります。易行の水道は、乗船の道です。乗船は、すべてをおまかせするところに、成り立ちます。それは、「みんなよければ、おのれよし」の世界に、すでに生かされて生きていたことへの気づきです。その頷きこそ、仏より与えられた楽(よろこび)、信楽であります。それで、聖人は、「道は則ち是、本願一実《ほんがんいちじつ》の直道《じきどう》、大般涅《だいはつね》

槃無上《はんむじょう》の大道也」（『教行信証』「佛」二五四頁・「東」二三四頁）と、本願の念仏のみが、我執を
突き破る一念一念の直道であり、大道であると讃えられます。

阿弥陀仏の願いがわたしにとどく

憶《おく》念《ねん》弥《み》陀《だ》仏《ぶ》本《ほん》願《がん》
自《じ》然《ねん》即《そく》時《じ》入《にゅう》必《ひつ》定《じょう》
唯《ゆい》能《のう》常《じょう》称《しょう》如《にょ》来《らい》号《ごう》
応《おう》報《ほう》大《だい》悲《ひ》弘《ぐ》誓《ぜい》恩《おん》

弥陀仏《みだぶつ》の本願《ほんがん》を憶念《おくねん》すれば、
自然《じねん》に即《そく》の時《とき》、必定《ひつじょう》に入《い》る。
唯能《ただよ》く常《つね》に如来《にょらい》の号《みな》を称《しょう》して、
大悲弘誓《だいひぐぜい》の恩《おん》を報《ほう》ずべしといえり。

龍樹菩薩のお念仏、易行《いぎょう》の大道《だいどう》のお勧めについて、親鸞聖人は、

生死の苦海ほとりなし
　ひさしくしずめるわれらをば
弥陀弘誓のふねのみぞ
のせてかならずわたしける

（『高僧和讃』「佛」六〇四頁・「東」四九〇頁）

といただかれます。わたしたちは、わが心もわが身も思うままにならない生活をしながら、他人まで思うままにしようとして、

「酒代を　とやかくいうな　化粧代」

などと、他人の「非」のみをあげつろうて、苦を増殖しています。そして、たまたまいただいた偶然の「生」を当然と思い、必然する「死」を偶然と思う妄念妄想の生活は、底なしの「生死（まよい）の苦海」の連続です。だから、この生活に気づかせて脱皮させる道は、「弥陀弘誓のふねのみ」といわれます。それで、苦海に沈みきっているわれらを、平等に目覚めさせる本願のはたらきを船に譬えて、「のせてかならずわたしける」といわれます。

こうして、わたしの迷いに目覚めさせるのも、船に「のせ」るのも、覚りの岸に「わたす」のも、わたしのところへきている、阿弥陀仏の本願のはたらきです。それで聖人は、「憶念」とは、「憶念といふは、信心まことなるひとは、本願をつねにおもいいずるこころのたえず、つねなるなり」（『唯信鈔文意』「佛」五五八頁・「東」五五一頁）といわれます。つまり、「憶念」は、弥陀の本願につねに出遇う、一念一念のお育てなのです。しかも、その出遇いは、わたしの能力で出遇うのではなく、阿弥陀仏の願力によるのですから、「自然」なのです。それで、聖人は「自然《じねん》というは、自はおのずからという。行者のはからいにあらず。しからしむということばなり。然というは、しからしむということば、行者のはからいにあらず。如来のちかい

にてあるがゆえに」（『正像末和讃』「佛」六四七頁・「東」五一〇頁）といわれます。

こうして龍樹大士が「人能く是の仏の無量力功徳《むりょうりきくどく》を念ずれば、即時に必定に入る」（『教行信証』「佛」一八九頁・「東」一六六頁）といわれたことを受けて、聖人は「自然に即の時、必定に入る」といわれます。「即時」とは、時をへだてず「即位」するということです。この龍樹大士の文について、聖人は「即時入必定というは、信ずればすなわちのとき必定にいるとなり。必定にいるというは、まことに念ずれば、かならず正定聚のくらいにさだまるとなり」（『尊号真像銘文』本「佛」五〇八頁・「東」五一七頁）といわれて、本願のまことに出遇うから、かならず浄土に往生して仏に成ることが決まる身になると喜ばれます。こうして、正定聚、お念仏の友（聚）を賜りながら、苦海を引き受けて、歩んでいける身をいただきます。

それで、龍樹大士の「即時に必定に入る。是の故に我常に念じたてまつる」（『教行信証』「佛」一八九頁・「東」一六六頁）という教えをいただかれて、聖人はさらに「唯能く常に如来の号を称して、大悲弘誓の恩を報ずべしといえり」といわれます。つまり、「自然に即の時、必定に入る」という一歩一歩は、阿弥陀仏の願いが、わたしに至り届いて、南無阿弥陀仏と申すこころをおこさしめたのです。だから、ただひたすら、阿弥陀仏のみ名を称えることのみが、そのまま、「大悲弘誓の恩を報ず」ることになるのです。

「大悲弘誓の恩」は、自分の思うようにしていただいたご恩ではありません。すべてを思うようにしたいという算盤勘定《そろばんかんじょう》が、いつも御破算《ごはさん》になって、南無阿弥陀仏と頭がさがる、ご恩なのであります。

天親菩薩
――印度

天《てん》親《じん》菩《ぼ》薩《さ》造《ぞう》論《ろん》説《せ》
帰《き》命《みょう》無《む》礙《げ》光《こう》如《にょ》来《らい》
依《え》修《しゅ》多《た》羅《ら》顕《けん》真《しん》実《じつ》
光《こう》闡《せん》横《おう》超《ちょう》大《だい》誓《せい》願《がん》

天親菩薩《てんじんぼさつ》、論を造《つく》りて説《と》かく、
無礙光如来《むげこうにょらい》に帰命《きみょう》したてまつる。
修多羅《しゅたら》に依《よ》りて真実《しんじつ》を顕《あらわ》して、
横超《おうちょう》の大誓願《だいせいがん》を光闡《こうせん》す。

お念仏を伝承してくださった二人目の高僧は、印度の天親菩薩（世親菩薩ともいわれ、四〇〇〜四八〇頃北印度で活躍された方・ガンダーラ地方といわれていたパキスタンのペシャワールの生まれ）です。はじめは、地域に伝わる仏教の教えを修学されましたが、兄の無着《むちゃく》菩薩の厳しい叱咤によって、大乗仏教に転向されました。そして、すべての人が救われる教えの実現を目指すなかで、『仏説無量寿経』の教えに出遇われ、「帰命尽十方無礙光如来」と阿弥陀仏に帰命することが、自分の本来に帰る道であると感得され、『無量寿経優婆提舎願生偈』（『浄土論』ともいう）を著されました。それで、親鸞聖人は、「天親菩薩、論を造りて説かく、無礙光如来に帰命したてまつる」といわれるのです。

天親菩薩が、阿弥陀仏を無礙光如来と顕されたことについて、親鸞聖人は、「無礙というは、さわることなしとなり。衆生の煩悩悪業にさえられざるなり。光如来ともうすは、阿弥陀仏なり」（『尊号真像銘文』本「佛」五〇九頁・「東」五一八頁）といただかれます。つまり無礙光如来という名を大切にされるのは、わたしたちが、煩悩悪業にどっぷり漬かっていながら、そのことに気づかず、自分中心の眼に狂いはないという生活をしているからです。夫が妻に「お前のめがねはいつも、間違っている」といえば、妻が夫に「そうよ、あなたを選んだときから間違ってたの」といい返す。そして、

「まっすぐな　きゅうりならんで　痛々し」

「人のため　ビール飲むとは　知らぬ牛」

という、人間優先の状況を生きています。この底を知らぬ人間の業からの解放は、「衆生の煩悩悪業にさえられざる（いかなる煩悩悪業にも妨げられない）」無礙光如来のよびかけに帰命する道しかないからであります。

そして、この帰命の道は、天親菩薩が「修多羅に依りて真実を顕して、横超の大誓願を光

闡」されたことによって、一層明らかになったといわれます。親鸞聖人は、修多羅について、「修多羅は天竺のことば、仏の経典をもうすなり。仏教に大乗あり、また小乗あり。みな修多羅ともうす。いま修多羅ともうすは大乗なり。……真実功徳相というは、誓願の尊号なり」(『尊号真像銘文』本「佛」五〇九～五一〇頁・「東」五一八頁)といわれ、横超については、「横《おう》《ヨコサマ》は、竪《しゅ》《タテサマ》に対することばなり。超《ちょう》《コユルナリ》は、迂《う》《メグルナリ》に対することばなり。竪と迂とは自力聖道のこころなり。横と超は、すなわち他力真宗の本意なり」(『尊号真像銘文』本「佛」五〇四頁・「東」五一四頁)といわれます。

すなわち、帰命の道は、大乗の経典である浄土三部経の真実が、誓願の尊号・南無阿弥陀仏となって、わたしに届いているからであるといわれます。凡夫が共に助かる道は、いかに求道心と修行能力を頼りとして一歩一歩「タテサマ」に歩んでも、ぐるぐる「メグル」だけで、真実に出遇うことができません。それで、一挙に「ヨコサマ」に超えて来てくださる大誓願によって帰命できるのだと、光闡《こうせん》(広く開いて明らかに)されたといただかれます。

それで、親鸞聖人は、

釈迦の教法おおけれど
　天親菩薩はねんごろに
　煩悩成就のわれらには

弥陀の弘誓をすすめしむ

（『高僧和讃』「佛」六〇五頁・「東」四九〇頁）

と讃えられます。お釈迦さまの教えは、相手によって多面にわたって説かれますが、われらは煩悩の生活がしみついて、そこから、一歩も離れることができません。それで、天親菩薩が、弥陀の本願にめざめて、懇切にお念仏に遇えるようにお勧めくださったと、喜ばれるのです。

一心帰命の生活

広《こう》由《ゆ》本《ほん》願《がん》力《りき》廻《え》向《こう》
為《い》度《ど》群《ぐん》生《じょう》彰《しょう》一《いっ》心《しん》
帰《き》入《にゅう》功《く》徳《どく》大《だい》宝《ほう》海《かい》
必《ひっ》獲《ぎゃく》入《にゅう》大《だい》会《え》衆《しゅ》数《しゅ》

広《ひろ》く本願力《ほんがんりき》の回向《えこう》に由《よ》りて、
群生《ぐんじょう》を度《ど》せんが為《ため》に、一心《いっしん》を彰《あらわ》す。
功徳大宝海《くどくだいほうかい》に帰入《きにゅう》すれば、
必《かなら》ず大会衆《だいえしゅ》の数《かず》に入《い》ることを獲《う》。

宗教は、救いを求めて一心に祈ることだといわれます。しかし、一心が、自分の心では、どれほど集中しても、打算的な都合頼みに傾いていきます。それではいけないと、みんなのために祈っても、みんなのために祈っているといううぬぼれがまた残ります。「煩悩をなくすることも、煩悩だとしたら、君はどうする」といわれた先生がいますが、人間に一心が成り立つのでありましょうか。

天親菩薩は、『無量寿経優婆提舎願生偈』の冒頭で、「世尊、我一心に、尽十方無碍光如来に帰命したてまつる。安楽国に生ぜんと願ず」（「佛」一五五頁・「東」一三五頁）といわれました。親鸞聖人は、この一心に注目され「一心というは、教主世尊の御ことを、ふたごころなくうたがいなしとなり。すなわちこれまことの信心なり」（『尊号真像銘文』本「佛」五〇九頁・「東」五一八頁）といわれます。それは、人間の無明に目覚められた釈尊の「ただ念仏」のみの教えまでも、ふたごころ（分別して自分流に解釈する心）で、頷こうとしていた自分に頭のさがることが、まことの信心であると受けとめられたからです。それで、一心は、阿弥陀仏の心に出遇って、自分の狭い心や決断の心がひるがえされることだといわれます。

こうして、お念仏の信心を「一心に、尽十方無碍光如来に帰命」すると告白された天親菩薩のお姿に、感動された聖人は、「広く本願力の回向に由りて、群生を度せんが為に、一心を彰す」と阿弥陀仏の広大なお心にふれた心であったと喜ばれ、また「論主（天親）は広大無碍の一心を宣布して、普遍《あまね》く雑染堪忍の群萠を開化す」（『教行信証』「佛」三一五頁・「東」二九八頁）と、欲望に汚染され悲しみに暮れるわれらを救うために、一心と彰してくださったと讃嘆されます。

この一心に開かれる世界を、「功徳大宝海に帰入すれば、必ず大会衆《だいえしゅ》の数に入ることを獲《う》」といわれます。功徳といえば、自分がよい行いを積んでよい結果がくることだと思いがちですが、聖人は「真実功徳ともうすは、名号なり」（『一念多念文意』「佛」五四五・「東」五四三頁）と、お念仏が名告りでてくださって、お念仏する身にさせていただくことが功徳だといわれます。そして「大宝海は、よろずの善根功徳みちきわまるを、海《かい》にたとえたまう。この功徳よく信ずるひとのこころのうちに、すみやかにとくみちたりぬとしらしめんとなり。しかれば、金剛心のひとは、しらず、もとめざるに、功徳の大宝、そのみにみちみつるがゆえに、大宝海とたとえたるなり」（『一念多念文意』「佛」五四七・「東」五四四頁）といわれます。

つまり、わたしたちが、知って求める功徳は、

「苦労した　ローンの家に　一人棲む」

「孫のヤツ　あんなに可愛　がったのに」

と、苦しみを深めていく不実の功徳です。今ここで、鳴らん太鼓は、どこへ行っても鳴りません。お念仏の功徳は、「すみやかにとくみちたりぬとしらしめんとなり」といわれるように、足下に満足を感じる功徳です。わが思いを超えて「しらず、もとめざるに、…そのみにみちみつる」と、身に受けている現在をすべて意味あるものとして、「もったいない」といただけるのが、功徳の大宝なのです。

それで、「功徳大宝海に帰入すれば、必ず大会衆の数に入ることを獲」といわれます。「必ず大会衆の数に入ることを獲」とは、大会衆、よき友、よき師の仲間に必ず入ることとです。お念

仏において、御同朋、御同行を賜り、御同朋、御同行によって、聞法を深めお念仏のお育てをいただく、それが一心帰命の生活です。

今ここに安んじる世界

得《とく》至《し》蓮《れん》華《げ》蔵《ぞう》世《せ》界《かい》
即《そく》証《しょう》真《しん》如《にょ》法《ほっ》性《しょう》身《しん》
遊《ゆう》煩《ぼん》悩《のう》林《りん》現《げん》神《じん》通《づう》
入《にゅう》生《しょう》死《じ》薗《おん》示《じ》応《おう》化《げ》

蓮華蔵世界《れんげぞうせかい》に至《いた》ることを得《う》れば、
即《すなわ》ち真如法性《しんにょほっしょう》の身《しん》を証《しょう》す。
煩悩《ぼんのう》の林《はやし》に遊《あそ》んで神通《じんずう》を現《げん》じ、
生死《しょうじ》の園《その》に入《い》りて応化《おうげ》を示《しめ》すといえり。

平生は見向きもしない泥田でも、蓮華の花が咲くと、人があつまり、無垢な美しさを讃えます。蓮華は、淤泥華《おでいげ》といわれるように、泥沼にしか咲きません。景色のいい、高原には生じないのです。蓮華が仏教のシンボルフラワーとされるのは、「凡夫、煩悩の泥の中に在りて、菩薩の為に開導せられて、能く仏の正覚の花を生ずるに喩《たと》う」（『教行信証』「佛」三〇五頁・「東」二八八頁）からです。

天親菩薩は、阿弥陀仏に一心帰命すれば、自分の思い込みに閉じこもる盲点を破ってくださる、よき師、よき友を賜るだけでなく、「蓮華蔵世界に至ることを得」といわれます。この蓮華蔵世界は、阿弥陀仏の国土・浄土のことです。阿弥陀仏の浄土は、人を傷つけ踏みつけにするわれらの煩悩にも汚されず、ともに生きることができる安らかな徳を蔵している世界なので、蓮華蔵世界といわれます。

それで、阿弥陀仏の浄土に往生すると、「即ち真如法性の身を証す」といわれます。「即」は、同時ということです。「真如」は「真実」、「法性」は「真実の本性」をいいます。「真実」や「法性」は、いろやかたちを超えた覚りの世界ですから、わたしの思慮分別ではいい表わせませんが、真実にふれると、名利などの形にとらわれる必要のない場に、立たしめられるといわれます。

浄土は、『阿弥陀経』に「倶会一処」(「佛」一四七頁・「東」一二九頁)といわれるように、互いに認め合い共生することのできる世界です。だから、浄土にて覚りの身をいただくことは、一人で覚りすまし、個人の喜びに居座ることではありません。それで「煩悩の林に遊んで神通を現じ、生死の園に入りて応化を示すといえり」といわれます。

「煩悩」は、身心を乱し悩ませ、正しい判断をさまたげる心のはたらきで、貪(むさぼり)・瞋(いかり)・痴(愚痴・物事の正しい道理を知らないこと)の三つが、主な煩悩といわれます。

この煩悩は、いつ、何が飛び出すかわからないので、「林」ジャングルに譬えられます。「神通」は、人々を救う勝れた能力ですが、それはどのような人とも心を通じていけるということでもありましょう。

「生死」は、「生」は偶然であり「死」は必然であるのに、「生」は当然「死」は偶然と決めつけて、若いのはよい、老いて死ぬのはわるいとさまよい、迷い続けていく状態です。その迷いの広さを「園」と譬えるのでしょう。「応化」は、他の人々が救われることが、自分の救いであると、状況に応じて素早く動くことです。

こうして、浄土に往生した人は、浄土にとどまるのではなく、煩悩の密林に自在に出入りし、ほとりのない迷いの園に遊ぶがごとく無心に、苦悩する人々とともに、一心帰命の生活ができるようになるというのです。親鸞聖人は、「謹んで浄土真宗を案ずるに、二種の回向有り。一つには往相、二つには還相なり」（『教行信証』「佛」一七七頁・「東」一五二頁）と示して、浄土へ往くのも、浄土から還るのも、ともに如来の回向、如来のはたらきによるといわれます。往って還れるのは、今ここに安んじておれる世界をいただくことでもありましょう。

聞法される師友の姿が、自分の聞法の鏡になる。親しき人との死別が、本願のお念仏に遇えるご縁になる。それらは、浄土から還られた人の、お育てであるともいえましょう。

曇鸞大師
——中国

本《ほん》師《じ》曇《どん》鸞《らん》梁《りょう》天《てん》子《し》
常《じょう》向《こう》鸞《らん》処《しょ》菩《ぼ》薩《さつ》礼《らい》
三《さん》蔵《ぞう》流《る》支《し》授《じゅ》浄《じょう》教《きょう》
梵《ぼん》焼《しょう》仙《せん》経《ぎょう》帰《き》楽《らく》邦《ほう》

本師《ほんじ》曇鸞《どんらん》は、梁《りょう》の天子《てんし》、
常《つね》に鸞《らん》の処《ところ》に向《む》かいて菩薩《ぼさつ》と礼《らい》す。
三蔵《さんぞう》流《る》支《し》、浄教《じょうきょう》を授《さず》けしかば、
仙経《せんぎょう》を梵焼《ぼんしょう》して楽邦《らくほう》に帰《き》したまいき。

お念仏を伝承してくださった三人目の高僧は、中国の曇鸞《どんらん》大師（四七六～五四二）です。大師は、すべての人が救われる大乗仏教の四論宗の学派に属する高僧として、多くの人々の尊敬を受けられました。その尊敬のありようは、時の国王・南の梁の天子である武帝が、北におられる大師の方に向かって、「菩薩と礼」されるほどでした。

親鸞聖人は、当時、無実の身で越後に流罪になるという、念仏者を弾圧する社会のなかで生活しておられます。聖人が、日本のお釈迦さまと尊敬する聖徳太子は、「其れ三宝《さんぼう》（仏・法・僧）に帰《よ》りまつらずは、何を以てか枉《まが》れるを直《ただ》さん」（『十七条憲法』「佛」八九一頁・「東」九六三頁）といわれました。そのことをすでに実行して、中国政治の公け人の天子が、大師を尊崇された事実を知り、武帝をも崇められたのでしょう。それで「本師曇鸞は、梁の天子、常に鸞の処に向かいて菩薩と礼す」と讃えられるのです。

曇鸞大師は、仏道を深め弘めるという使命感から、『大集経』という、六十巻ものお経の註釈にかかられました。ところが、研究の途中で、病になり、健康でなければ註釈もできないと、南方の道教の指導者であった陶弘景《とうこうけい》をたずねられ、長生不死の神仙の術を学ばれました。そして、仙術の秘伝である十巻の仙経（道教の経典）を授けられました。喜び勇んで帰られる途中、都の洛陽に立ち寄りました。当時、洛陽では、印度からこられた菩提流支三蔵《ぼだいるしさんぞう》という僧が、お経を中国語に翻訳し、お坊さんたちを教えていました。

そこで、菩提流支三蔵に会われた大師は、長生不死の法を学んだことを自慢げに話しました。すると、菩提流支三蔵は、大地に唾を吐き捨てて、叱りました。「どこに、不死の法がある。長生きしても死なない人はいない」と教えて、『仏説観無量寿経』を授けました。

浄土の経典が、「無量寿」を説くのは、いのちの長さをいうのではありません。わたしがある背景には、無量の「寿（いのち）」のつながりとはたらきがあることを教えているのです。

太陽・大地・空気・水・食物・両親・師友・身体など、どれ一つわたしが作ったものではありません。みんなわたしの思いを超えた、不思議なはたらきによって、いただいたものです。曇鸞大師は、「南無不可思議光」と阿弥陀仏に出遇うことで、長生不死は夢を見ていたのであって、いのちはいただいたものであると、気づかれたのです。それで、仙経を持っていては、迷いは払拭できないと、大切に求めた心と仙経をともに焼き捨てて、浄土の教えに帰依されました。

曇鸞大師のこのみごとな翻《ひるがえ》りを、親鸞聖人は、「三蔵流支、浄教を授けしかば、仙経を焚焼して楽邦に帰したまいき」と讃え、さらに、

本師曇鸞和尚《かしょう》は
　菩提流支のおしえにて
仙経ながくやきすてて
浄土にふかく帰せしめき

（「佛」六〇七頁・「東」四九一頁）

と和讃されます。

あるお寺の掲示板に、「六十兆の細胞、みんな調和して、活動している、俺が生きとるなんて、よく云うわ」とありました。それなのに、自分が生きていると思うから、老化を嘆く。

「高齢を　嘆くななれない　人もいる」

といわれれば、文句がいえません。

親鸞聖人は、お念仏がおこれば、信心・如来の心のはたらきとして、自分が生きているとの思いがいつも破られるから、長生不死にとらわれない生活、「長生不死の神方《じんぼう》」（『教行信証』「佛」二三二頁・「東」二一一頁）をいただけると喜ばれました。

自力をはなれる心

天《てん》親《じん》菩《ぼ》薩《さ》論《ろん》註《ちゅう》解《げ》
報《ほう》土《ど》因《いん》果《が》顕《けん》誓《せい》願《がん》
往《おう》還《げん》廻《え》向《こう》由《ゆ》他《た》力《りき》
正《しょう》定《じょう》之《し》因《いん》唯《ゆい》信《しん》心《じん》

天親菩薩《てんじんぼさつ》の論《ろん》を註解《ちゅうげ》して、
報土《ほうど》の因果《いんが》、誓願《せいがん》に顕《あらわ》す。
往還《おうげん》の回向《えこう》は他力《たりき》に由《よ》る。
正定《しょうじょう》の因《いん》は唯信心《ただしんじん》なり。

一生、生きもののいのちをいただき、ゴミを出し続けていくわたし、

「歩けなく　なっても預金は　管理する」

わたしに、救いがあるのでしょうか。菩提流支三蔵に出遇って、浄土教に深く帰依された曇鸞大師は、龍樹菩薩の他力易行のお念仏の教えに導かれ、天親菩薩の『無量寿経優婆提舎願生偈』（『浄土論』）に出遇われて、『無量寿経優婆提舎願生偈註』（『浄土論註』）という註釈書を作

られました。

そこで、大師は、「五濁の世（「五つの濁り」の項・六七頁〜七〇頁参照）・無仏の時」に、自分の力で救いを得ようとすることの、根本的な誤りに気づかれ、阿弥陀仏の浄土に生まれる救いを求められました。しかし、すべての人々とともに浄土を願うことで、さらに見えたのは、わが身だけが自分だと思い、自分中心の環境をよくしようと思うありかたで、共に生きている事実に顛倒している自分の相でありました。それは、自分の思いに縛られて、一人相撲をし輪転し苦悩している、虚偽の姿でもありました。それで、天親菩薩が明らかにされたお浄土（報土）の光景は、そうした救われないわれらの生き方を徹底して知らせ、一人ももれなく救わんとする、阿弥陀仏の誓願（本願）に報われた世界であるということを、顕らかにされました。だから、報土が立てられた原因と結果の一つ一つは、そのままわたしたちを、浄土へ往き帰らしめる因と果であるといわれました。それで、「天親菩薩の論を註解して、報土の因果、誓願に顕す」といわれるのです。

こうして、わたしたちが阿弥陀仏の浄土を願い、浄土に往くことを「往相《おうそう》」といい、浄土に往生した人が、虚偽のこの世界にはたらきかけることを「還相《げんそう》」といいます。わたしが、浄土に往くことは、自分が救われることです。しかし、自分だけ救われるのでは、共に助かることは成り立ちません。共に生きるわたしは、自分が救われることと、他の人が救われることは一つですから、他の人々と共に、浄土に往けるようはたらきかけたいのです。

しかし、煩悩の身のわたしたちには、どれほど自分の力を尽くしても往相も還相もすることができません。「煩悩の身というのは、煩悩をもっている身ということではなく、煩悩でできている身ということだ」といわれた先生がおられます。もったものは、すてることもできましょうが、できているものは、どうしようもありません。そこに、往相も還相も自分からはあり得ないと頭が下がり、深く信ずるところにひらけたのが、阿弥陀仏のご回向による往相・還相でありました。それで「往還の回向は他力に由る」といわれます。「他力」は、人任せということではありません。阿弥陀仏の願いによる呼びかけ、「本願力」が身に満ちた感動です。それで、親鸞聖人は、曇鸞大師を、

弥陀の回向成就して

往相還相ふたつなり

これらの回向によりてこそ

心行ともにえしむなれ

（『高僧和讃』「佛」六〇九頁・「東」四九二頁）

と讃えられます。

だから、弥陀の回向成就によって、浄土往生が正しく定まる（正定）のは、自分の力で何とかなるという思いあがりの懺悔・信心しかないのです。信心は、「本願他力をたのみて、自力

をすつるをいうなり、これを唯信という」（『唯信鈔文意』「佛」五五三頁・「東」五四七頁）、といわれるように、阿弥陀仏の本願に出遇って、自力無効と自力がすたる心です。それで、「正定の因は唯信心なり」といわれたのです。

共に仏道・涅槃に向かう歩み

惑《わく》染《ぜん》凡《ぼん》夫《ぶ》信《しん》心《じん》発《ほ》
証《しょう》知《ち》生《しょう》死《じ》即《そく》涅《ね》槃《はん》
必《ひっ》至《し》無《む》量《りょう》光《こう》明《みょう》土《ど》
諸《しょ》有《う》衆《しゅ》生《じょう》皆《かい》普《ふ》化《け》

惑染《わくぜん》の凡夫《ぼんぶ》、信心発《しんじんほっ》すれば、
生死即涅槃《しょうじそくねはん》なりと証知《しょうち》せしむ。
必《かなら》ず無量光明土《むりょうこうみょうど》に至《いた》れば、
諸有《しょう》の衆生《しゅじょう》、皆普《みなあまね》く化《け》すといえり。

「惑染」は、煩悩に染まってできあがっている、この身のわたしのことです。叩けば、国もわたしも、ホコリのでる歴史をもっていますから、この身のある限り、どれほど洗濯しても、清浄になることはありません。

「凡夫」は、日常につかう言葉ですから、わかっているように思いますが、浄土の三部経では、『仏説観無量寿経』にのみある教えです。お釈迦様が、韋提希夫人に、「汝は是凡夫なり。心想羸劣《るいれつ》（心が弱く劣る）にして、未だ天眼（自分の迷いを知る目）を得ざれば、遠く（仏の世界）観ること能わず」（『仏説観無量寿経』「佛」一一〇頁・「東」九五頁）と呼びかけて、自分の姿に目覚めよと教えられた言葉です。そう教えられてはじめて気づく惑染の凡夫に、その通りですと目覚める心は、わたしからは発しようもありません。だから、氷から火が出るような出来事として信心がおこるのは、ひとえに如来のおんもよおし、弥陀の回向によるのです。

「生死」は、生と死という離れてないものを、二つに分けて固定化して考え、それに「生」は○・「死」は×と、善し悪しを付けて迷いを深め苦しむ世界です。それに対して、その迷いが消える安穏《あんのん》の世界が「涅槃」ですから、「生死」と「涅槃」を「即（おなじ）」とするのは、頭で理解することはできません。にもかかわらず、「生死即涅槃なり」と「証知」するといわれるのは、阿弥陀仏の願いが「南無阿弥陀仏」となってわれらの口からあらわれでるからです。親鸞聖人は、「無礙光仏（阿弥陀仏）の不可思議の誓願、広大智慧の名号を信楽すれば、煩悩を具足しながら、無上大涅槃にいたるなり」（『唯信鈔文意』「佛」五六〇頁・「東」五五二頁）といわれます。つまり、わたしを呼び覚ます広大智慧の南無阿弥陀仏に目覚めるならば、灰になってもぬめりが残るような煩悩の身のままであっても、涅槃の道に立たしめられるといわれます。

こうして、煩悩に汚染されきった救いに無縁の凡夫が、阿弥陀仏の願いによって、涅槃への道に立つことを「必ず無量光明土（浄土）に至れば」といわれます。「無量光明土」とは、『仏説無量寿経』の異訳の『無量清浄平等覚経』の言葉で、「速疾に超えて、便ち安楽国の世界に到るべし。無量光明土に至りて、無数仏《むしゅぶつ》を供養すと」（『教行信証』「佛」三一九頁・「東」三〇一～三〇二頁）とあります。それは、無限に光り輝やく国土として、闇のわたしを照らす智慧の世界であると共に、無数の仏を見いだし、供養していく世界であるといわれます。惑染の凡夫という、深い悲しみ苦しみを通してお念仏に遇うと、見えなかった世界が見えてくる。それは「わたし以外は、みな仏」とすべての人を、尊んでいく光景であります。

こうして、「必ず無量光明土に至れば、諸有の衆生、皆普く化すといえり」といわれます。無量光明土に至れば、あらゆる迷いの苦悩の衆生を、みな普く平等に教化する歩みを賜るといわれます。お念仏は、人助けができると思いあがる懺悔から、助けられる身への転換でありますから、教化する身になるとは思えません。しかし、わたしたちが、お念仏のご縁に遇えたのは、念仏し聞法する人々の後ろ姿に、亡き人となられても教えられ、育てられてきたからであります。そのことに気づけば、あらゆる人に、仏を求めるすがたを見いだして、共に仏道・涅槃に向かう歩みをはじめる、それが「諸有の衆生、皆普く化すといえり」といわれることの意味であると頷けます。

道綽禅師
——中国

道綽《どうしゃく》決《けっ》聖《しょう》道《どう》難《なん》証《しょう》
唯《ゆい》明《みょう》浄《じょう》土《ど》可《か》通《つう》入《にゅう》
万《まん》善《ぜん》自《じ》力《りき》貶《へん》勤《ごん》修《しゅう》
円《えん》満《まん》徳《とく》号《ごう》勧《かん》専《せん》称《しょう》

道綽《どうしゃく》、聖道《しょうどう》の証《しょう》し難《がた》きことを決《けっ》して、
唯浄土《ただじょうど》の通入《つうにゅう》すべきことを明《あ》かす。
万善《まんぜん》は自力《じりき》なれば、勤修《ごんしゅ》を貶《へん》す。
円満《えんまん》の徳号《とくごう》、専称《せんしょう》を勧《すす》む。

お念仏を伝承してくださった四人目の高僧は、中国の道綽禅師《どうしゃくぜんじ》（五六二〜六四五）です。ここで禅師と呼ぶのは、禅宗の師匠ではなく、高僧の尊称です。道綽禅師は、教（経典）はあるが、行ずる人、証する人はないといわれる末法の時代に入って、十一年目の生まれといわれます。末法の時代を実感するように、武帝の過酷な仏教弾圧がおこり、お経や仏像が焼かれ、禅師も僧侶の身分を奪われます。武帝の死で弾圧から解放され、再び出家して勉学と修行に励まれますが、お釈迦さまがおられた頃より時代が遙かに遠ざかり、教えを理解する能力が劣ってくるなかで、自分の努力のみで覚ることは、難しいと気づいていかれます。

そうした時代と自分を救う求道の旅で、玄中寺にお参りした禅師は、曇鸞大師の徳を讃える碑文に出遇い、お念仏の教えに帰依されます。その感動で、玄中寺にとどまられた禅師は、『仏説観無量寿経』の講義と毎日のお念仏に専念されて、生涯を終えられます。禅師は、著書の中で『大集経』を引かれて「(我が末法の時中《じちゅう》に、億億の衆生、行を起こし道を修せんに、未だ一人も得る者の有らじ)と。当今は末法、是五濁悪世なり。唯浄土の一門有りて、通入すべき路なりと」(『教行信証』「佛」三五三頁・「東」三三八頁)といわれます。つまり、末法の時は、億の人々が修行したが一人も覚るものがいない、だから末法と五濁悪世に通じる道はお念仏の浄土門の一門のみであると、明らかにされます。それで、親鸞聖人は、「道綽、聖道(聖への自力の修行)の証し難きことを決して、唯浄土の通入すべきことを明かす」と、「決して」「明か」された禅師のみごとな決断を、讃えられます。さらに、聖人は、

鸞師(曇鸞大師)のおしえをうけつたえ
綽和尚(道綽禅師)はもろともに
在此起心立行《ざいしききしんりゅうぎょう》(ここで発心し修行すること)は
此是《しぜ》自力とさだめたり
(『高僧和讃』「佛」六一三頁・「東」四九四頁)

と和讃されます。体調が悪くなると、道を求めて苦悩してきたこともふっ飛んでしまうようなわれらの努力には、限界があります。そのような、自分の力を信じる修行は、完成しないと教えられるのが、「此是自力」という決定です。頑張って聞法すれば、自分は聞いているとうぬぼれ、連れ合いは聞こうともしないと、身近な人まで切り捨てるのがわれらです。

だから、仏になろうとする万善は、どれほど修行に勤め励もうとも、高慢な自力の心であるから、「万善は自力なれば、勤修を貶す」と、勤修するのは間違いであると退けられるのです。こうして、万善の自力の道は歩めないとされた禅師は、「円満の徳号、専称を勧む」といわれます。「円満の徳号」とは、勝れた功徳がすべてそなわった名号、すなわち南無阿弥陀仏のことです。

われらが、「我が家は円満だ」と思う時は、おおむね自分を中心に、家庭が回っているからです。それなのに、自分が裏で支えて控えているから、円満だと思っている。そのようなわれらに、本当の功徳や円満が成り立つはずがありません。だから聖人は、「真実功徳ともうすは、名号なり。一実真如の妙理、円満せるがゆえに、大宝海にたとえたまうなり」(『一念多念文意』「佛」五四五頁・「東」五四三頁)と、まことの功徳は名号であって、まことの道理にのみ、円満はあると教えられるのです。それで、いつでも自分の不実の姿が教えられる、南無阿弥陀仏を専ら称えよと勧めてくださるのです。

弘誓の呼びかけ

三《さん》不《ぷ》三《さん》信《しん》誨《け》慇《おん》懃《ごん》
像《ぞう》末《ま》法《ほう》滅《め》同《どう》悲《ひ》引《いん》
一《いっ》生《しょう》造《ぞう》悪《あく》値《ち》弘《ぐ》誓《ぜい》
至《し》安《あん》養《にょう》界《かい》証《しょう》妙《みょう》果《か》

三不三信《さんぷさんしん》の誨《おしえ》、慇懃《おんごん》にして、
像末法滅《ぞうまつほうめつ》、同《おな》じく悲引《ひいん》す。
一生悪《いっしょうあく》を造《つく》れども、弘誓《ぐぜい》に値《もうあ》えば、
安養界《あんにょうかい》に至《いた》りて妙果《みょうか》を証《しょう》せしむといえり。

目先の情報と欲に目を奪われているわれらが、お念仏に相応して我執を破り闇を晴らす生活をするのは、容易でありません。それは、真実（如来）から呼びかけられた、南無阿弥陀仏に、相応する心が欠けているからです。それに気づかれた、曇鸞大師は、自分の思いで信じようとする限り三不信になるといわれます。三不信とは、「一つは信心淳からず、若存若亡《にゃくぞんにゃくもう》せるが故に（信心が純朴でないから、日頃はありがたいと思っていても、事がうまく運ばないともう信じないとさえ思う）。二つは信心一ならず。決定無きが故に（みごとな決断がないから、念仏一つに徹底しない）。三つは信心相続せず、余念間《へだ》つるが故に（自分の都合が入ると、信心が長続きしない）」（『教行信証』「佛」二三五頁・「東」二一四頁参照）の三つです。

その三不信に自分の姿を見られた道綽禅師は、お念仏一つを素直にいただく他力の信心は、「淳心・一心・相続心」の三信を賜わることであるといただかれます。それで、親鸞聖人は「三不三信の誨、慇懃にして」といわれるのです。この懇切な禅師のお念仏の教えは、像法（教えがあり修行する人がいても、覚ることのできない時代）、末法（修行の人や覚りがなくなって、教えだけが残る時代）、法滅（教えも消滅する時代）の人にも通じます。そして、このお念仏の普遍性は、曇鸞大師の教えに出遇った禅師の身をあげての伝道、すべての人を救おうとする力強い導きによるのでした。それで、聖人は「像末法滅、同じく悲引す」と讃えられるのです。

われらは、どれほど平等の関係を願っても、「オレが浮かべば、アイツが沈む」という間を生きる限り、生まれてから息を引き取るまで、悪と無関係に生活することは出来ません。そして、人間のいのちより、経済成長を優先する社会の流れの中で、貧富の差が広がって心を病む人が増え、あきらめの感情から暴言が氾濫すれば、自分もどのような生活になるかわかりません。それにもかかわらず、自分の考えで何とかなるだろうから、とりあえずこれで行こうと思っています。だから、「一生造悪」は、法律や道徳の違反だけをいうのではなく、煩悩の身を生きる人間の別名なのです。

「一生造悪」は、悪いこともしてきたなあという、自己反省の内容ではありません。「一生造悪」は、「一生悪を造れども、弘誓に値えば」といわれるように、弘誓（阿弥陀仏の本願）の呼びかけに出遇ったからこそ明らかになった、弁解のできないわたしの裸の姿なのです。つまり、阿弥陀仏に出遇えたからこそ、まことに背き、自分の本当の願いを忘れて生きてきたことが、露わになった五体投地を、「一生造悪」というのです。

それで、聖人は「一生悪を造れども、弘誓に値《もうあ》えば、安養界に至りて妙果を証せしむといえり」といわれます。「安養界」は、浄土のことですが、それはどこかにある世界ではありません。安養界は、弘誓に出遇って、開かれる新しい生活であり、世界です。「安養界に至りて妙果を証」する「妙果」は、阿弥陀仏の世界ですから、われらが作った世界ではありません。弘誓がいたり届いて、南無阿弥陀仏と夢から覚めたわれらに、将来する世界です。それで、弘誓に値遇すれば、造悪の身にも、すべてに意味を見いだすワンダフルな生活が生まれ、開かれていくといわれるのです。

善導大師
——中国

善《ぜん》導《どう》独《どく》明《みょう》仏《ぶつ》正《しょう》意《い》
矜《こう》哀《あい》定《じょう》散《さん》与《よ》逆《ぎゃく》悪《あく》
光《こう》明《みょう》名《みょう》号《ごう》顕《けん》因《いん》縁《ねん》

善導独《ぜんどうひと》り、仏《ぶつ》の正意《しょうい》に明《あき》らかにして、
定散《じょうさん》と逆悪《ぎゃくあく》とを矜哀《こうあい》して、
光明名号《こうみょうみょうごう》、因縁《いんねん》を顕《あらわ》す。

お念仏を伝承してくださった五人目の高僧は、中国の仏教が栄えた時代の、善導大師（六一三～六八一）です。善導大師は、玄中寺におられた道綽禅師をたずね、『仏説観無量寿経』の教えを受けて、お念仏の道に入られました。大師には、多くの著作がありますが、『仏説観無量寿経』を、凡夫を救う教えとして、深く読み込まれた注釈書『観経四帖疏』四巻が有名です。『仏説観無量寿経』は、印度のマガダ国でおこった、王家の悲劇からはじまるお経です。王子の阿闍世《あじゃせ》が、父の頻婆娑羅王《びんばしゃらおう》を投獄し、母の韋提希《いだいけ》夫人を宮中の奥ふかく閉じ込めました。韋提希を救おうと大切な説法を中座して立たれたお釈迦さまに、韋提希夫人は「世尊（お釈迦さま）、我、宿何《むかしなに》の罪ありてか、此の悪子《あくし》を生ずる。世尊、復《また》何等の因縁有《まし》ましてか、提婆達多《だいばだった》と共に眷属《けんぞく》（親族）為《た》る」（『仏説観無量寿経』（「佛」一〇七頁・「東」九二頁）と、愚痴と怨みをぶちまけます。

やがて、その場で沈黙をしておられるお釈迦さまの姿に導かれた韋提希夫人は、浄土に生まれることを願って「我に思惟《しゆい》（寂かに思い浮かべる方法）を教えたまえ、我に正受《しょうじゅ》（ありのままに受け取る方法）を教えたまえ」（「佛」一〇八頁・「東」九三頁）と求めます。それに応じてお釈迦さまは、まず心を静めてひとすじに浄土の相を観察する行＝定（定善《じょうぜん》）、つぎに心が散り動揺するままで悪を廃し善を修めようとする道＝善（散善《さんぜん》）を説かれます。だから、当時の名のある学僧は、仏道実践の行を説かれた経典として『仏説観無量寿経』の疏《しょ》（注釈書）を作り、多くの人々が修行に励んでいました。

しかし、善導大師は、韋提希夫人が求めもしなかった散善の道を説かれたお釈迦さまの本意をたずねられ、定散の修行をする善人も、五逆・十悪の人（「救いようのない者を救う」七四頁参照）も、共に凡夫であることにかわりはないと気づかれます。そして、凡夫といえば、善凡夫も悪凡夫もあるように思っても、それは縁が違うだけのことだといわれます。よい縁に恵まれると、

「デート中　はずんでしまう　募金箱」

なのに、善人であるとうぬぼれてみたり、悪い縁が続くとひがんで、自暴自棄になるのは、凡夫でありながら、「いま」罪悪深重の凡夫であるという自覚がないからだと教えられたのです。

この大師の「凡夫のため」の『仏説観無量寿経』という、指示に感動された親鸞聖人は、まず「善導独り、仏の正意に明らかにして」と、讃えられます。そして、この経が、後の世に永く伝わることを願うところで、お釈迦さまが、側近のお弟子の阿難尊者に「是の語を持《たも》てとは、即ち是無量寿仏の名《みな》を持てとなり」（『仏説観無量寿経』「佛」一三九頁・「東」一二二頁）といわれます。このお釈迦さまの言葉に、善導大師は、今まで、定と善を教えてきたが、阿弥陀仏の深い願いは、「衆生をして一向に専ら弥陀仏の名《みな》を称せしむるに在り」（『教行信証』「佛」三六二頁・「東」三五〇頁）と、ひとえに称名念仏のお勧めが『仏説観無量寿経』の深意であったと領かれます。

そして、その本願のお心は、凡夫は南無阿弥陀仏の名がなければ、仏を念ずることも浄土を願うこともできないから、闇を照らす光明の縁に催され、南無阿弥陀仏の一言一言に目を覚ませとよびかける名号の因にふれて、信心を発《おこ》させ浄土往生の道を歩ませるのだといわれます。

この善導大師のお勧めを、聖人は、「光明名号、因縁を顕す」と讃えられるのです。

煩悩に汚れた身を転じる

開《かい》入《にゅう》本《ほん》願《がん》大《だい》智《ち》海《かい》　本願《ほんがん》の大智海《だいちかい》に開入《かいにゅう》すれば、
行《ぎょう》者《じゃ》正《しょう》受《じゅ》金《こん》剛《ごう》心《しん》　行者正《ぎょうじゃまさ》しく、金剛心《こんごうしん》を受《う》けしむ。
慶《きょう》喜《き》一《いち》念《ねん》相《そう》応《おう》後《ご》　慶喜《きょうき》の一念相応《いちねんそうおう》して後《のち》、
与《よ》韋《い》提《だい》等《とう》獲《ぎゃく》三《さん》忍《にん》　韋提《いだい》と等《ひと》しく三忍《さんにん》を獲《え》、
即《そく》証《しょう》法《ほっ》性《しょう》之《し》常《じょう》楽《らく》　即《すなわ》ち法性《ほっしょう》の常楽《じょうらく》を証《しょう》せしむといえり。

光明名号の因縁によって、すべての凡夫を救う阿弥陀仏の本願のはたらきは、海に譬えて「大智海」といわれます。海は、われらのように、

「お互いに　わるいところは　あなたの子」

というような分け隔てを一切せず、すべてを受け入れて一つ味にします。

「成績が　上がったとたん　俺の子だ」

と、そのときの都合でころころ変わるわれらは、阿弥陀仏の差別をしない智慧と、すべてを受け入れる慈悲の心に、ただ頭が下がって南無阿弥陀仏と応答するほかありません。それで「本願の大智海に開入（開かれて、入れしめられる）すれば、行者（念仏する者）正しく、金剛心を受けしむ」といわれるのです。

「金剛心」は、親鸞聖人が「信心やぶれず、かたぶかず、みだれぬこと、金剛のごとくなり。しかれば、金剛の信心というなり」（『唯信鈔文意』「佛」五五六頁・「東」五四九頁）といわれるように、南無阿弥陀仏が響いた信心の譬えです。だから、ダイヤモンド・マインドは、周りの人を困らせるような殻に閉じこもった心ではありません。本願の大智海が流入して、頑固な心が丸裸にされた心ですから、なにがおきても、あるがままに柔軟に対応していける心（信心）です。金剛心は、われらの修行の積み重ねでは決して得られない心ですから、金剛心をすでにいただくことは、「慶喜の一念」望外の喜びとなります。

この慶喜の一念は、一念一念に南無阿弥陀仏と阿弥陀仏に出遇い続ける心（相応する心）ですから、金剛の信心をいただいた人は、韋提希夫人と同じように「三忍《さんにん》（覚り）を獲《う》」るといわれます。三忍は、『仏説観無量寿経』のお釈迦さまの説法が終わるところで、韋提希夫人とそこにおられた五百人の侍女が、「廓然《かくねん》として大悟し、無生忍《むしょうにん》（無生法忍《むしょうぼうにん》）を得」（『仏説観無量寿経』「佛」一三八頁・「東」一二一頁）たという、無生法忍（覚り）のことをいいます。忍は、ものをはっりさせる勝れた理解のことですが、善導大師は、この無生法忍の智慧の内容を、喜忍・悟忍・信忍と三つに分けて、現在に得られる覚りといただかれました。喜忍は、法に遇えた喜びの心、悟忍は、智慧に遇ってずっと夢を見続けていたことを知らされた心、信忍は、自分の思いを信じて本願を疑っていたことを知らされ、凡夫である今の自分をまるごといただけた心です。

こうして、三忍を獲た者は、ただちに「法性の常楽を証せしむといえり」といわれます。法性と常楽は涅槃の徳をあらわす言葉です。法性は永遠の真理そのもののことで、常楽は苦楽を超えた真の楽をいいます。これについて、親鸞聖人は、

煩悩具足と信知して
本願力に乗ずれば
すなわち穢身すてはてて
法性常楽証せしむ
（『高僧和讃』「佛」六一六頁・「東」四九六頁）

と和讃されます。

煩悩よりほかに持ちもののない身と知らされて、その煩悩をきらわず救おうという本願力に乗せられている事実に頷くなら、即座に煩悩に汚れた身を転じて、煩悩の楽しみでない真の楽

しみの常なる涅槃に身をおくことができるといわれます。

本願力に遇って「煩悩具足と信知」された聖人は、この穢身について「けがらわしき身(「集」一二〇頁)と左訓されます。自分のみの就活、婚活、妊活、終活に活々することも大事ですが、煩悩の満足にのみ楽があると走る姿に、穢身と気づくことはより大切でありましょう。煩悩具足の穢身を引っさげて人生の業を尽くすわれらは、本当の楽しみは何かと、問い続けること、それが涅槃に向かって歩むことであり、「法性常楽」にふれることであります。

源信僧都 ——日本

源《げん》信《しん》広《こう》開《かい》一《いち》代《だい》教《きょう》
偏《へん》帰《き》安《あん》養《にょう》勧《かん》一《いっ》切《さい》
専《せん》雑《ぞう》執《しゅう》心《しん》判《はん》浅《せん》深《じん》
報《ほう》化《け》二《に》土《ど》正《しょう》弁《べん》立《りゅう》

源信《げんしん》、広《ひろ》く一代《いちだい》の教《きょう》を開《ひら》きて、
偏《ひと》えに安養《あんにょう》に帰《き》して、一切《いっさい》を勧《すす》む。
専雑《せんぞう》の執心《しゅうしん》、浅深《せんじん》を判《はん》じて、
報化二土《ほうけにど》、正《まさ》しく弁立《べんりゅう》せり。

お念仏を伝承してくださった六人目の高僧は、日本の源信僧都（九四二〜一〇一七）です。僧都は、奈良県の当麻に生まれ、幼くして父を亡くし出家して、比叡山で学問を深められました。ある法会の講義でいただいた名誉の品を、当麻で一人暮らす母に贈りました。ところが、今風の教育ママ的な視点に関心のない母は、「名声のために僧になってもらうのでない、この母を救うてほしい」という手紙を添えて、贈り物を返されたと伝えられています。

名利心の離れがたさに気づかれた僧都は、隠棲の地といわれる横川の恵心院《えしんいん》（源信僧都は恵心僧都ともいう）にこもって、さらに道を求められ、主著の『往生要集』を書かれます。『往生要集』は、「小一切経」ともいわれ、多くの経典や論書を引いて、往生の要（かなめ）を集めた書物で、中国にも伝えられました。この書の冒頭で「夫れ往生極楽の教行は、濁世末代の目足也。…予が如き頑魯の者（かたくなで愚かな者）」（『真宗聖教全書』一 三経七祖部七二九頁）といわれるように、愚か者の濁世の目となり足となるのは、お念仏のみと「偏に帰して」勧められました。それで親鸞聖人は、「源信、広く一代の教を開きて、偏に安養（浄土）に帰して、一切を勧む」と讃えられます。

次に、僧都は「専雑の執心、浅深を判じて」と、「専の執心」は深く、「雑の執心」が浅いと、その違いを明確に判別してくださったと讃えられます。ここでいう執心は、執着心でなく、素直に持続する心のことです。「専雑」の「専」は、専ら本願に誓われた阿弥陀仏の名号を称える専修念仏のことです。専修は、聖人が「専修《せんじゅ》は本願のみなをふたごころなく、もっぱら修するなり」（『一念多念文意』「佛」五四三頁・「東」五四一頁）といわれるように、その時の都合で、ふたごころになる自分がいつも教えられ、ひるがえされていくお念仏のことです。阿弥陀仏のお心にふれて、「妄念はもとより凡夫の地体なり」（『横川法語』「佛」八八三頁・「東」九六一）と自分の正体を思い知らされる心で、深い心といわれます。

「専雑」の「雑」は、自分の正体が見えないから自分の力で救われると思って、念仏以外の行も雑えて修める雑修のことです。それで、専修念仏にまかすことができずに、自分の思いであれもこれもと雑修するのですから、いかに励んでも浅い心といわれます。

さらに、僧都は「報化二土、正しく弁立せり」と、阿弥陀仏のお浄土は「報土」と「化土」の二つに分かれると、正しく区別して明らかにされたと讃えられます。報土は、愚かな人々も救おうという阿弥陀仏の本願に報われて開かれた世界ですから、「真実報土」ともいわれます。そして、化土は、自分の思い描く自己満足の世界ですから、「方便化土」であって、慢心と停滞を免れないといわれます。

だから、聖人は、

源信僧都のおしえには
報化二土をおしえてぞ
専雑の得失さだめたる

(『高僧和讃』「佛」六一九頁・「東」四九七頁)

と報土と化土の区分けは、専心と雑心という、信心の違いであるといわれます。わたしたちは、本願の名号に出遇えば、報土に生まれることはおまかせなのに、お念仏までも自分の心にあわせて、取り込もうとしてしまいます。聞法者の「これで、ようやく腹に落ちました」という声に、「違う、腹が落ちるのだ」といわれた先生の言葉が、思い合わされます。

どんな時も照らされている

極《ごく》重《じゅう》悪《あく》人《にん》唯《ゆい》称《しょう》仏《ぶ》
我《が》亦《やく》在《ざい》彼《ひ》摂《せっ》取《しゅ》中《ちゅう》
煩《ぼん》悩《のう》障《しょう》眼《げん》雖《すい》不《ふ》見《けん》
大《だい》悲《ひ》無《む》倦《けん》常《じょう》照《しょう》我《が》

極重《ごくじゅう》の悪人《あくにん》は、唯仏《ただぶつ》を称《しょう》すべし。
我亦《われまた》、彼《か》の摂取《せっしゅ》の中《なか》に在《あ》れども、
煩悩《ぼんのう》、眼《まなこ》を障《さ》へて見《み》たてまつらずと雖《いえど》も、
大悲《だいひ》倦《ものう》きこと無《な》くして常《つね》に我《われ》を照《て》らしたまえりと。

源信僧都は、すべてを救う阿弥陀仏の大悲心にふれて、殺生しなければ生きていけないのに、自分の力のみで生きていけると思う傲慢さに気づき、自分は「悪人」「重悪人」いや「極重悪人」であると頷かれました。それで、僧都が居られた比叡山・横川の恵心院の前には、

南無阿弥陀仏　極重悪人無他方便（極重の悪人は他の方便なし）
　　　　　　　唯称弥陀得生極楽（ただ弥陀を称して極楽に生を得）

という石碑が建っています。この『往生要集』の言葉の重さを、親鸞聖人は「極重の悪人は、

唯仏を称すべし」と讃えられます。

続いて「我亦」といわれる我は、極重悪人です。そして、その我は「我亦、彼の摂取の中に在れども」といわれるように、阿弥陀仏の摂取の大悲の中にありながら、それにも気づかずどこまでも逃げようとしている、無他方便（自分の側からは、阿弥陀仏の国へは橋が架からない）の身を知らされつくした我です。と同時に、すでに極重悪人のままで摂取の中に追わえ取られていた事実、阿弥陀仏と出遇えた我でもあります。

この出遇いの感動が、南無阿弥陀仏、「唯仏を称すべし」であります。「唯仏を称すべし」は、阿弥陀仏の呼びかけを聞かれた、僧都の応答であるとともに、われらをお念仏の道に導いてくださる励ましでもあります。それで、聖人は、僧都の教えを、

極悪深重の衆生は
　他の方便さらになし
ひとえに弥陀を称してぞ
浄土にうまるとのべたまう
（『高僧和讃』「佛」六二〇頁・「東」四九八頁）

と讃えられるのです。

そして、「煩悩、眼を障えて見たてまつらずと雖も」といわれます。スーパーのレジだけでなく、大事な方のお別れのお焼香でも、短い列に並ぶ癖のあるわれらは、いつも煩悩の眼の身

です。そういう、煩悩の眼に合った思い通りの生活をすることが、救いだと疑わないわたしに、眼を覚ませと呼びかけてくださるのが、阿弥陀仏の大悲です。しかし、煩悩の身のわれらは、その眼も煩悩で出来ているのですから、自分からは覚ますことも直すことも出来ません。煩悩の眼では、阿弥陀仏の大悲は見えないのです。

それなのに、僧都は「大悲倦きこと無くして常に我（『往生要集』では、我が身『教行信証』「佛」二四四頁・「東」二二二〜二二三頁参照）を照したまえりと」といわれます。それは、自分の側からは見えないけれど、阿弥陀仏（真実・真理）の側からは見えているということです。どうしようもない煩悩を抱えて、多くの地獄を見た僧都が獲得した境地、見えないけれど見られている、願えないけれど願われている世界の発見、讃嘆であります。

それで、親鸞聖人は、

煩悩にまなこさえられて
　摂取の光明みざれども
大悲ものうきことなくて
　つねにわが身をてらすなり
（『高僧和讃』「佛」六二〇頁・「東」四九七〜四九八頁）

と和讃されます。そして、「大悲ものうき」の「ものうき」について「怠り捨つること、ろなしとなり」（「集」一三二頁）と左訓されます。つまり、阿弥陀仏は、どのような状況にあろうとも、つねに煩悩の身のわれらを怠り捨てることなく照らしてくださるから、安んじてお念仏申されると仰せられるのでしょう。

ここに、清沢満之先生が「絶対他力の大道」の中で、「請う勿《なか》れ、求むる勿れ。爾《なんじ》、何の不足かある。もし不足ありと思わば、是れ爾の不信にあらずや。如来は、爾がために必要なるものを、爾に賦与《ふよ》したるにあらずや。もしその賦与において不充分なるも、爾は決して、此以外に満足を得ることあたわざるにあらずや」といわれた心境が思い合わされます。

法然上人
——日本

本《ほん》師《じ》源《げん》空《くう》明《みょう》仏《ぶっ》教《きょう》
憐《れん》愍《みん》善《ぜん》悪《まく》凡《ぼん》夫《ぶ》人《にん》
真《しん》宗《しゅう》教《きょう》証《しょう》興《こう》片《へん》州《しゅう》
選《せん》択《じゃく》本《ほん》願《がん》弘《ぐ》悪《あく》世《せ》

本《ほん》師《じ》源《げん》空《くう》は、仏《ぶっ》教《きょう》に明《あき》らかにして、
善《ぜん》悪《あく》の凡《ぼん》夫《ぶ》人《にん》を憐《れん》愍《みん》せしむ。
真《しん》宗《しゅう》の教《きょう》証《しょう》、片《へん》州《しゅう》に興《おこ》す。
選《せん》択《じゃく》本《ほん》願《がん》、悪《あく》世《せ》に弘《ひろ》む。

お念仏を伝承してくださった七人目の高僧は、親鸞聖人の本師である源空上人（法然上人、一一三三～一二一二）です。上人は、岡山県の美作に武士の子として生まれ、九歳の時夜討ちに遭われて、父が亡くなります。父の遺言は、

「テロなくす　ための戦争　テロを生み」

という連鎖を断つ、「仇を恨んではならない。出家して、共に救われる道を求めよ」という教

えです。比叡山に行かれた上人は、天台宗の教えを学ばれますが迷いを断てず、さらにすべての人々と共に救われる仏道を求めて、一切経を五回も読み込まれます。それで、親鸞聖人は、上人を「本師」と崇め、「源空は、仏教に明らかにして」と讃えられます。

源信僧都の『往生要集』の冒頭の言葉（「源信僧都」一四七頁参照）「自分のような、頑なで愚かな者は、お念仏以外に救われる道がない」に目を開かれ、善導大師の「一心に弥陀の名号を専念して、行住座臥《ぎょうじゅうざが》に時節《じせつ》の久近《くごん》を問わず、念念に捨てざるは、是を正定《しょうじょう》の業《ごう》と名づく」（『教行信証』「佛」三四九頁・「東」三三五頁）という、世間の価値観を越える念仏のみの教えに出遇われます。そして、その理由が「彼の仏願《ぶつがん》に順ずるが故に」（同）と、すべてが阿弥陀仏の願いに順う道理であることに感動され、比叡山を出て京都東山の吉水に草庵を開き、ご縁のある善悪の人々に、ただ念仏の教えを一筋に勧められます。その上人の姿勢に、聖人は「善悪の凡夫人を憐愍」されたと頷かれます。

真宗は、宗派の意味でなく、真実を宗とすることで、「念仏成仏これ真宗」（『浄土和讃』「佛」五九二頁・「東」四八五頁）の「真宗」の左訓には、「シンジツホンガンナリ」（「佛」「同」）とあるように、阿弥陀仏の本願を宗（要）とすることです。この本願の教えを信じて浄土に生まれて往く証を、「教証」といいます。この凡夫人を平等に救う本願の教証を、独立して宣言された恩徳を讃えて「片州（大陸の印度や中国にたいして、片隅にある島国の日本」）に興す」といわれます。

「戦争を　知るかも知れぬ　子どもたち」

「愛国心　あるからこその　反戦さ」

という、不穏な時代を生きる者として、この国を「片州」と見て、「和国」「和朝」と名づけた、聖人のお念仏の世界観を学びたいものです。

上人は、主著『選択本願念仏集』の冒頭で、「南無阿弥陀仏　往生の業、念仏を本と為」（『教行信証』「佛」二一三頁・「東」一八九頁）といわれます。「選択本願」念仏の教え、つまり「阿弥陀仏によって選び取られた願い」は、南無阿弥陀仏となって、現にはたらいていることを、信念の強さと学問の深さと人格の円満さで、「悪世（戦乱・天災・貧困の世）に弘」めていかれました。「ただ一向に念仏すべし」（『一枚起請文』「佛」八八七頁・「東」九六二頁）に帰依した人々は、学僧、聖、貴族、武士、盗賊、遊女を含む庶民におよんでいます。その情景に、阿弥陀仏のお姿を見た聖人は、

智慧光のちからより
本師源空あらわれて
浄土真宗をひらきつつ
選択本願のべたまう

（『高僧和讃』「佛」六二一頁・「東」四九八頁）

と讃えられます。

晩年に聖人は、上人との出遇いを「親鸞におきては、ただ念仏して弥陀にたすけられまいらすべしと、よきひとのおおせをかぶりて信ずるほかに別の子細なきなり。…たとい法然聖人にすかされまいらせて、念仏して地獄におちたりとも、さらに後悔すべからずそうろう」(『歎異抄』「佛」七九二頁・「東」六二七頁)と、お念仏に疑問を持つお同行たちに語られました。

転じられる喜び

還《げん》来《らい》生《しょう》死《じ》輪《りん》転《でん》家《げ》
決《けっ》以《ち》疑《ぎ》情《じょう》為《い》所《しょ》止《し》
速《そく》入《にゅう》寂《じゃく》静《じょう》無《む》為《い》楽《らく》
必《ひっ》以《ち》信《しん》心《じん》為《い》能《のう》入《にゅう》

生死輪転《しょうじりんでん》の家《いえ》に還来《かえ》ることは、
決《けっ》するに疑情《ぎじょう》を以《もっ》て所止《しょし》と為《す》。
速《すみ》やかに寂静《じゃくじょう》無為《むい》の楽《みやこ》に入《い》ることは、
必《かなら》ず信心《しんじん》を以《もっ》て能入《のうにゅう》と為《す》。

「ただ一向に念仏すべし」という、法然上人のお勧めは、疑えば迷いに止まり、信ずれば涅槃に入るという「生死の家には疑を以て所止と為し、涅槃の城には信を以て能入と為す」（『選択本願念仏集』『真宗聖教全書』一　三経七祖部九六七頁）一点にあります。しかし、ここでいう信は、自分の思い込みで、親や子・連れ合いや親友を信じる信や、「鰯の頭も信心から」という依頼心の信ではありません。自分の都合から発想する信は、裏切られたり当てが外れれば、必

ず極端な不信に陥ります。しかし、不信になるのは、

「宝くじ　外れて神を　またも変え」

というように、信じる相手が問題であって、自分の信の内容に間違いがあるとは、容易に気づきません。だから、いつまでも、信と不信と半信半疑（疑い）を繰り返していきます。

お念仏も、自分の思わくの中で信じようとすると、称え心や回数にこだわって、お念仏が阿弥陀仏の願いからの呼びかけであることに、目覚めません。呼びかけに気づかないのは、阿弥陀仏の願いを疑うことです。それで「生死輪転の家に還来《かえ》ることは、決するに疑情を以て所止と為」といわれます。

「生死輪転の家に還来《かえ》る」とは、地獄・餓鬼・畜生・修羅・人・天の六道を、今だけ自分だけよければと、行きつ戻りつしながら、ぐるぐる回る迷いから脱出できない状態をいいます。そして、迷いを離れられない理由を、「決するに疑情を以て所止と為」と、阿弥陀仏の本願を疑うところにあるのだと決着を付けられたのが、法然上人の大切な仰せだといわれます。それは、親鸞聖人が、吉水の草庵の対面で、信と不信の繰り返しは、自分の力で抜け出せる思う根強い執着心にあると教えられ、それが阿弥陀仏の本願への「疑」であったと、生死輪転の我が身を深く頷かれたからであります。だから、聖人は、
真の知識（法然上人）にあうことは

かたきがなかになをかたし
流転輪回のきわなきは
疑情のさわりにしくぞなき
（『高僧和讃』「佛」六二三頁・「東」四九九頁）

と、疑いの気づきにめぐりあうことのできた感銘を和讃され、「真の知識」の左訓には「ミダノホンガンヲ、オシウルチシキニ」（「佛」同）と、確かめられます。

こうして信と不信との往復が、自分の信心の全体であったと気づかせ断念させるのが、阿弥陀仏の本願のはたらきなのです。自分の信心は疑（本願を疑い、本願に背くこと）でしかなかったと、頑なな自我の思いが照らしだされ、頭が下がるのがまことの信心です。

それで、「速やかに寂静無為の楽《みやこ》に入いることは、必ず信心を以て能入と為」といわれます。「寂静無為の楽」とは、自我のこだわりが徹底して照破された世界で、「寂静」であり「無為」であるといわれ、「涅槃」と同じ意味をもちます。聖人は、この「楽」を「みやこ」と読まれます。それは、お念仏する信心、一念一念の阿弥陀仏の本願に順う信心において、流転の家が「楽（みやこ）」に転じられることを、喜ばれたのでしょう。

聖人は、本願に順う信心の「寂静無為の楽」への能入のお示しを、

諸仏方便ときいたり
源空ひじりとしめしつつ

無上の信心おしえてぞ

涅槃のかどをばひらきける

（『高僧和讃』「佛」六二三頁・「東」四九九頁）

と和讃されます。すなわち、阿弥陀仏が、方便してわれらを救うために時節到来し、法然上人と示現して、疑いの懺悔において信心の身となることが、寂静無為の涅槃への速やかな入門であると、そのご教示を讃えられました。

同一の世界が開かれる

弘《ぐ》経《きょう》大《だい》士《じ》宗《しゅう》師《し》等《とう》
拯《じょう》済《さい》無《む》辺《へん》極《ごく》濁《じょく》悪《あく》
道《どう》俗《ぞく》時《じ》衆《しゅう》共《ぐ》同《どう》心《しん》
唯《ゆい》可《か》信《しん》斯《し》高《こう》僧《そう》説《せ》

弘経《ぐきょう》の大士《だいじ》、宗師等《しゅうしとう》、
無辺《むへん》の極濁悪《ごくじょくあく》を拯済《じょうさい》したまう。
道俗時衆《どうぞくじしゅ》、共《とも》に同心《どうしん》に、
唯斯《ただこ》の高僧《こうそう》の説《せつ》を信《しん》ずべしと。

宗教関係の出版社が、「正信偈」の解説書を出版するのに、東京の女子高校生に、「正信偈」にルビを振ってくださるようにお願いしたら、「マサノブゲ」が一番多く、その次が「セイシンゲ」で、「ショウシンゲ」と読んだ人は、少数だったそうです。それで、「ショウシンゲ」と読まれなければ、書籍を手にとってもらえないというので、その本の表紙には「SHŌSINGE」とローマ字で書かれていました。わたしたちが、正信偈を「ショウシンゲ」とすぐ読めるのは、正信偈のお勤めをされ、お念仏に生きられた人々に出遇ってきた人々が、次々と伝えてくださったおかげなのです。

お念仏は、目先のことにとらわれて、自分を見失っていることを当たり前にしているわたしたちに、目を覚ませと呼びかけられたお釈迦様の『仏説無量寿経』の説法です。その説法の中心である阿弥陀仏の本願のお心は、「弘経（お経を弘めてださった）大士、宗師等」の命がけのご苦労によって伝えられました。「大士」は、印度の龍樹・天親の二菩薩で、「宗師」は、中国の曇鸞・道綽・善導と、日本の源信・源空の祖師方です。親鸞聖人は、この七人の高僧方が、名もなき庶民の賛同と支えをいただきながら、お釈迦様をしてお釈迦様たらしめた阿弥陀仏の本願のみ教えを、この世に弘めてくださったといわれます。

「人間の　エゴもいいとこ　活け造り」

なのに、グルメ番組などの「いただきます」ともいわず「いきます」という食事の仕方、大切な人のお別れにも、

「泣きながら　大きい方取る　形見分け」

というあり方は、まさに「無辺の極濁悪」でありましょう。それで、阿弥陀仏の本願を世に弘めてくださった大士、宗師のみ教えのみが、「無辺の極濁悪（極めて濁りきった悪世に沈むわれらの闇）」をあぶり出し懺悔せしめて、「拯済（拯はすくい上げる・済はわたす）したまう」と、

讃えられるのです。

最後に聖人は、「道（出家者）俗（在家者）時衆（いかなる時代の人々も）、共に同心に、唯斯の高僧の説（阿弥陀仏の本願）を信ずべしと」と仏弟子・聞法者の座について、呼びかけられます。「道俗時衆」は、お念仏をいただくすべての人々のことで、聖人はいつも仏法を求める人々を「御同朋」「御同行」「御坊」と敬われます。「弟子一人ももたず」（『歎異抄』「佛」七九四頁・「東」六二八頁）の聖人は、その御同朋・御同行と「共同心（共に同心に）」と、同一の信心に生きようと願われるのです。

七十数億の人がいても、同じ人は一人もいません。身近な親子も夫婦も、似ていても同じとはいえません。性別、体力、趣味、職業などの違いを超えて、同じであることは難しいのです。ここに、真宗門徒が、朝起きれば、まずお仏壇にお参りし正信偈をお勤めしてきた伝承が思われます。

南無阿弥陀仏と拝み、自分の愚かさに気づく時、立場は違っても心は一つになります。わたしが信じるのでなく、「如来よりたまわりたる信心」（『歎異抄』「佛」七九五頁・「東」六二九頁）であったと頭が下がる時、同一の世界が開かれます。それで、聖人は「共に同心に、唯斯の高僧の説を信ずべしと」、共に綿々と伝えられたお念仏の教えに聞き頷くこと、このことひとつを大切にしようとお勧めくださるのです。このお勧めを、わが身にいただこうとしたのが、

「深きいのちに目覚め、一切を拝める人になろう（本山佛光寺のスローガン）」でありましょう。

あとがき

本書は、真宗佛光寺派西徳寺（東京都台東区竜泉一・二〇・十九）さまの寺報『えこお』誌に、平成二十三年十月から、毎月書かせていただいた、折り折りの『正信偈』さんの領解です。

真宗門徒に親しい『正信偈』さんは、『正信念仏偈』（お念仏でなければ救われない身に感動する歌）といわれて、親鸞聖人の主著・真宗の根本聖典である『教行信証』の「行巻」の最後にある、漢文の讃歌・無上甚深の宝典です。

もとより、小生が、解説できるような「宝典」ではありませんが、毎日お勤めをする『正信偈』さんのお言葉をご縁にして、少しでも本願念仏のみ教えに触れることができればと、書かせていただいたものです。

この度、西徳寺さまのおおらかなお許しを頂き、私塾「道光舎」の面々のご協力で、一冊にまとめて、出版させていただくことになりました。

文中の引用の原文は、佛光寺の『真宗聖典』によりますが、参考のために東本願寺発行の『真宗聖典』の頁も併記しましたが、原文の表記と句読点、読み方が多少違うところもあります。『和讃』の左訓は、読みやすさから『親鸞聖人和讃集』（岩波文庫）によりますが、意味の通りやすさから佛光寺の『真宗聖典』によったところもあります。また文中の本山は、佛光寺本山のことです。

題字は、道光舎の日下和子さんに書いていただき、編集校正は、道光舎の日下秀淳、松原大致さんと川極道子さんのご尽力を頂きました。

遅くなりましたが、こころよく出版とご指導を賜りました白馬社社長の西村孝文氏に、厚く御礼申し上げます。

母の十七回忌の年の出版に、宿縁の深さを思い、夫婦で喜んでおります。

二〇一六年一月

洛北にて　著　者